大韓民國 國民 大決斷

대한민국
국민의
대결단

大韓民國 國民 大決斷

대한민국 국민의 대결단

소치형 蘇致馨 지음

인간사랑

·차례·

들어가는 말

저자가 『대한민국 국민의 대결단』을 쓰게 된 목적 가운데 하나는, 우리의 젊은 세대 그리고 그 다음 세대의 부담을 우리가 덜어줘야 한다는 생각에서다. 정치적으로 안정되고, 경제적으로 윤택하며, 국가적으로 안정과 평화 속에서 세계적인 문화민족으로서의 자부심을 가지면서 행복한 삶을 영위해 나가는데 조금이나마 도움을 주려는 뜻에서다.

그러나 근래 "이게 나라냐?"는 외침에 대하여 시원스레 답할 수 없는 현실이 너무나 안타깝다. 저자가 "이건 아니다!"라고 하는 존재론적 불안 심리를 갖는 데는 사회와 국가의 일원으로서 삶의 의미를 부정하지 않을 수 없는 현실 때문이다.

작금의 대한민국 사회가 더 이상 스스로의 폄하 대상이 되어서는 안 된다는 생각과 반성이 파다한 이유는 '파사현정(破邪顯正)' 없이는 민주주의 사회 건설이 불가능하다는 공감에 기인한다고 생각한다. 우리 스스로가 폄하해서는 안 될 조국이기 때문에 더더욱 그러하다.

대한민국의 참 모습을 다시 곱씹어 보고 되돌아 볼 기회를 가져야 한다. 금년은 대한민국 광복 72주년이 되는 해다. 외견상 어느 분야를 보더라도 세계 10위권의 번영을 누리고 있다. '번영 가설'은 일정 부분 필요하다. 그러나 맹신은 금물이다. 그 이유는 번영은 모두에게 좋은 결과를 가져다준다는 낙관론에 바탕하고 있지만 오늘날 우리의 현실은 수십 년이 흘러가도 여전히 한국정치는 '이전투구(泥田鬪狗)' 행태를 벗어나지 못하고 있는 데서 알 수 있다. 이는 세계적 차원에서도 틀리지 않는다. '역사의 관성'이 비록 전 세계에 빈곤을 퇴치하는데 부분적 기여를 했다 하더라도 '아랍의 봄', 세계 금융위기, 대중영합주의(포퓰리즘), 기득권 정치에 반대하는 세계적 분위기 확산, 무차별적인 테러리즘의 일상화 등은 역설의 시대에서 나타나는 '진보의 역설'의 한 단면을 일러주고 있다.

대한민국 민주주의는 이미 수십 년의 성상(星霜)을 보내고 있지만 여전히 회색지대에 갇혀 있다는 진단이 지배적이다. 특히 민주화 이후 다양한 사회적 갈등들이 표출됨에 따라 사회갈등의 양상은 보다 복잡하게 지역갈등, 세대갈등, 이념갈등, 여야갈등, 노사갈등 등 다양한 형태로 존재하고 있다. 그러나 이들 갈등이 제도적인 수준에서 해소되고 조정되기보다는 정치권에 의해 더욱 심화되고 있다는 데 문제가 있다.

이유는 간단하다. 정치가 다름의 존재를 인정하지 않음으로써 법질서 확립을 저해하기 때문이다. 믿음의 대상이 다르다는 이유로 다수가 소수를 홀대하고 업신여기는 일은 박해받는 개인에게 뿐만 아니라 장기적으로 사회에 악영향을 미친다. 각 개인이 자신에 관한 한 절대적 권리(주권)를 가지고 있다는 사실을 무시하기 때문이다. 타율적 사회는 개인이 스스로 선택하는 능력을 허용하지 않으므로 개인에게 불행을 안겨주거나 미래 없는 계획만을 강요하는 꼴로 남는다. 그래서 반체제가 항상 존재한다. 유일무이한 독재성을 강요하는 것을 거부할 수 있는 권리는 인정되어야 한다. 칸트(E. Kant)가 말했던, 사람이라면 누구나가 존중 받을 수 있는 가치가 있다는 뜻은 인간이 누구나 이성적이고 자율적이기 때문이다. 자율적으로 행동할 수 있는 능력이 있기 때문에 존엄성이 인정되어야 한다. 그래서 인간을 도구가 아니고 목적으로 규정짓는 것이다. 민주주의 사회가 다름을 인정하는 바탕에서 성숙되어 온 이유는 이 때문이다.

어느 사회, 어느 국가에서나 보수세력과 진보세력이 공존하며 서로 경쟁하고 견제하며 발전을 이루어 나가기 마련이다. 두 세력 간에 균형이 이루질 때에 그 사회나 국가는 안정을 이루고 미래를 향하여 함께 나아가게 된다. 우리나라의 장래가 희망을 가지려면 개혁적인 보수세력과 합리적인 진보세력이 서로 선의의 경쟁을 하는 가운데 정권 교체를 해나가며 나라를 이끌어 가야 한다. 보수세력이 늙어 병들어 있거나 진보세력이 도를 넘어서 날뛰게 되면 그만큼 나라 전체의 장래가 염려스러울 수밖에 없게 된다. 우리가 이 대립의 공존을 장악해야 하는 이유는 그것이 그저 편리하기 때문이 아니라 민주주의 사회에서 가장 실용주의적이고, 미래지향적이기 때문이다.

대한민국 보수세력의 상당수는 노블레스 오블리주(noblesse oblige: 부와 권력을 가진 자들의 책임과 의무)와 세니오르 오블리주(senior oblige: 나이든 자들의 의무)를 무시해 왔던 자들이다. 우리 사회에서 마땅한 책임과 의무를 다하지 못한 자들은 이제라도 '회복적 사법(restorative justice)'을 진정성 있게 수용하고 이를 성심껏 이행하겠다는 고해를 바쳐야 한다. '땅콩사건'(비행기 회항 소동)은 오직 힘 있고 돈 가진 한 사람의 역할이 어떠해야 하는 지를 극명하게 보여준 실례이다. 우리가 북한이 오직 한 사람만을 위해 존재하는 의미가 얼마나 부자연스런 것인지를 되씹어 봐야 할 이유이기도 하다. 불편한 진실, 덥혀지고 숨겨진 권력, 욕심 채우기에만 열중하는 현실에 눈 감으면 진실은 결코 그 모습을 드러내지 않은 것이다.

개혁은 시급하다. 대한민국 법질서의 혼란은 가진 자들이 법 권위를 무시하고 준수하지 않았기 때문이다. 가지지 못한 자들은 법망을 피할 생각도 의지도 없는 선량한 시민

정신의 소유자들이다. 법은 실존한다. 법 자체를 문제시하거나 심판하는 것은 무의미하다. 더 많이 배워서 더 많이 가진 자들의 의식개혁, 자기반성, 욕망 조절 없이는 백약이 소용없을 뿐이다.

다산(茶山) 정약용(丁若鏞; 1762-1836) 선생은 당시 "(이 나라는) 털끝 하나라도 병들지 않은 것이 없다. 지금 당장 개혁하지 않으면 나라가 망하고 나서야 그칠 것이다(蓋一毛一髮, 無非病耳. 及今不改, 其必亡國而後已.)."라고 개탄했다. 오늘날 소위 '비선'이라는 것도 옛날부터 관아(官衙)에 쓸데없이 손님을 받아들여 청렴함을 잃게 되는 것을 경계하라는 병객(屛客)을 무시하는데서 비롯된 것이다.

이른바 '시위소찬(尸位素餐)'은 개혁 대상이다. 해밀턴(Alexander Hamilton)은 "국민의 의사는 국민 대리인의 의사보다 우월하다."고 진단했다. 그러나 개개인의 나라에 대한 간절한 염원은 왕왕 정치인들의 정권욕에 의해 유린되고 도외시되어 왔다. 표를 얻기 위해 국민에게 허리를 굽신거리던 그들의 자세는 일단 권력을 장악하게만 되면, 어느 순간부터 가진 자로서 '갑'의 거드름으로 변절되어 왔다. 각종 선거가 끝나면 뚜렷한 공적도 없이 높은 자리에 앉아 국록만 축내는 '시위소찬'하는 자들의 몰골은 국민들에게 너무나 많은 실망과 절망을 보여주는 비루한 추태이다.

그래서 전관예우도 혁파 대상이다. 사물은 변한다. 생각도 변한다. 그러나 변치 않아야 좋다는 것에서 사물과 사람은 다르다. 달라져서는 안 된다는 데서 사유하는 인간의 매력이 있다. 도덕과 윤리가 그것이다. 정치윤리, 정치도덕, 정치적 인격과 성품. 고결함과 품격 등은 동서고금을 통해 변해서는 안 되는 주제들이라는 점을 오늘날까지 깨우쳐주고 있다. 공자(孔子)가 지적한 바, 지금은 대도(大道)가 없어져, 천하가 자신의 집만 위하게 되어, 세상 사람들이 각기 지 아비 어미만 아비 어미로 여기고, 지 자식만 자식으로 여긴다는 세태이다. 재물이란 재물은 모두 자기 한 몸만을 위해서 저축하고, 힘든 일은 자기가 하지 않고 남에게 넘겨 버린다. 대인이라는 벼슬아치들이 대대로 녹을 후하게 타먹는 것을 당연한 상식으로 알고, 자신을 위해 성곽만 높이 쌓고, 도랑만 깊게 파는 짓만 일삼아 부질없는 원성만 사고 있는 현실을 어찌 고치지 않고 있는가? 적폐 청산 없이는 고결성과 정의론이 설자리가 없게 된다.

우리 사회 주변에서 너무나 자주 볼 수 있는 현상 가운데 하나는 연말에 남는 예산을 빨리 쓰기 위한 각종 부적절한 사업 집행이 해마다 되풀이되는 일이다. 이는 탐관(貪官)이나 용관(冗官)들이 부지기수라는 사실을 입증하고 있다. 이를 진정 어려운 이웃을 위해 사용하려는 용기 있고, 배려 깊은 공직자 또는 목민관이 없다는 사실이다. 공동체 구성원을 모두 같은 한 가족으로 얼싸안는 '천하위공(天下爲公)'의 목민관 철학은 진실로 찾아보기 어려운 세태이다.

이제 가야할 길(위상)을 함께 찾아 나서야 한다. 이를 위해서는 진정한 민주주의로의 프레임 개조가 반드시 필요하다. 정치적 프레임은 '우리가 세상을 바라보는 방식을 형성하는 정신적 구조물'로서 그 자체가 때로 실천 이데올로기로서 역할을 한다. 정책과 무관한 정보의 흐름과 선전 나아가서 정치적 악성 루머가 판치는 오늘의 현실을 바로잡기 위해서는 비민주주의적 정치프레임의 개혁이 불가피하다. '인불원려난성업(人不遠慮難成業)'처럼 근시안적 처방이 아니라 멀리 보면서 해법을 찾는 노력이 필수적이다.

우리 사회의 체제는 경제적으로는 자본주의고, 정치적

으로는 민주주의다. 자본주의의 주도권은 자본가에게 있고, 민주주의의 그것은 시민에게 있다. 우리 사회가 미숙하다면, 자본가와 시민이 제대로 형성되지 않았다는 뜻이다. 그렇다. 우리에게 지금 돈은 많아도 그것이 자본으로 성숙되지는 않았다. 부자는 있지만, 자본가는 귀하다. 국민이나 백성은 있어도, 시민은 아직 제대로 성숙되지 못했다. 자본주의와 민주주의를 채택하고 있는 우리나라가 제대로 작동하려면 돈이 자본으로 바뀌고, 부자가 자본가로 바뀌어야 한다. 그리고 백성이 시민으로 바뀌어야 한다.

젊은이가 우리의 미래다. 미래를 키우지 않고서는 민주주의 사회 건설도 무의미하다. 나라 만들기에는 청년들의 에너지를 한 곳으로 모으는 정책이 뒷받침되어야 한다. 마샬(G. Marshall) 장군은 '승리를 가져오는 것은 사기'라고 강조했다. 전투에서 뿐만이 아니라 국가를 건설하는 데는 젊은이들의 에너지를 적절하게 활용해야 한다. 그래서 그들이 나라 지키기에 오직 애국심 하나로 뭉칠 수 있도록 해야 한다. 스파르타의 레오니다스 왕은 절체절명의 위기에서 300명의 전사들이 조국의 자유를 위해 페르시아 대군에 맞서서 용감하게 목숨을 바칠 수 있도록 용기를 북돋아 주었다. 현재 우리 사회 주변에서는 매뉴얼이 있어도 소용없는 모습이 곳곳에서 목도되고 있고, 정치가를 자칭하되 참된 리더십은 엿볼 수 없는 자들이 넘쳐나고, 기대하려는 메시아도 존재하지 않는 세상이기 때문에 '탈조선'이니 '헬조선'이 회자되고 있다.

대한민국! 이래서는 안 된다!

이 책은 많은 부분에서 표절(剽竊)이다. 그래서 고해(告解)가 필요하다. 건강한 비판으로 사회 정화가 이루어지기를 바라는 염원은 비단 저자뿐만이 아니라고 생각한다. 그래서 앞서 출판되거나 발표된 수많은 자료들(단행본, 논문, 신문사설 등)과 지인들과의 대화 그리고 과거의 강의안들을 중심으로 해서 대한민국의 민낯도 들춰내고 건강한 미래를 위한 길을 제시해 보려고 했다. 저자는 김구(金九) 선생이 즐겨 말했던 "나라가 흥하고 망하는 것에는 보통사람도 책임이 있다(國家興亡 匹夫有責)."는 명언을 거울삼으며 이 책을 엮으려고 노력했다.

이 땅에서 고희(古稀)를 맞으면서 많은 것들을 배우고 알게 되었다. 필자가 학원(學園)과 연구실에서 평생 책과 더불어 지내도록 해주신 은사님들, 선배님들, 동료들, 후배 및 제자들, 친인척분들 그리고 지인들께 감사드린다. 이 책이 저자를 알고 계신 분들께 한 번만이라도 읽혀질 수 있는 영광을 누리고 싶다는 '언감생심(焉敢生心)'을 거두기가 어렵다.

이 책은 여러 지인들이 보여준 물심양면의 지원과 격려 덕분으로 출판되었다. 그분들을 일일이 밝혀드리지 못함을 송구하게 생각한다. 그리고 출판에 즈음하여 수고스러움을 마다하지 않으신 인간사랑 편집부 직원들과 흔쾌히 출판을 맡아 준 동문 교우인 인간사랑 여국동 사장께도 진심어린 감사의 뜻을 전하고 싶다.

2017년 4월

일감호가 보이는 연구실에서 저자(晩翠) 씀

1장

정부불신론의 배경

정부의 이름으로 행해지는 공적 사업에서 예산 낭비와 갈취는 망국적 행위이다. 예산은 국민 세금이다. 예산을 개인적 및 집단적 이해관계에 따라 낭비하거나 뜯어 먹는 행위는 이유 여하를 막론하고 반국가적 행위이다.

정치철학적인 관점에서 볼 때, 정부에 대한 이론은 크게 두 가지가 있다. 하나는 이상국가론이다. 이것은 국가가 국민의 복지를 향상시키기 위해 모든 노력을 경주하고 그 결과 만족할 만한 성과를 얻을 수 있다는 이론이다. 동양에서

•

노자(老子)가 인간과 하늘과 도(道)를 하나의 순환적인 체계로 보는 이상세계는 이러한 이상국가론과 일맥상통한다. 노자보다 200년 후에 플라톤(Platon)은 법률에 의해 통치되는 이상국가론을 펼쳤다. 법률은 지혜의 결정체이며 사회를 위해 가장 바람직하다고 생각되는 규정이기 때문이라고 한다. 이와 같이 이상국가에서는 통치자나 피치자 모두가 법률의 지배를 받아 국민 복지를 책임지고 있다.

공공선은 국가가 국민을 위해 선행을 행하는 것이다.

국가란 국민을 위해 선한 행동을 행해야 한다. 이것이 공공선의 핵심이다. 자유주의적 전통에 따르면, 국가는 국민의 안녕과 질서를 위해 규칙을 제정하고 집행하며, 사회복지를 극대화하고, 공공재와 가치재를 생산하고, 자애롭고 객관적인 중재자의 역할을 하며, 자유와 정의를 포함하는 기본적 인권의 수호자 역할을 하는 것이다. 이러한 정률(定律)은 민주주의를 표방하는 대부분 국가의 헌법에 잘 명시되어 있다. 실제로 권위주의와 독재체제가 횡행하는 나라에서도 헌법은 자유주의적이라는 그럴싸한 용어로 장식되어 있다. 그러나 많은 국가에서 때때로 정부가 불신당하고 있다.

국민이 정부를 믿지 않는 이유를 주로 예산과 관련하여 살펴보려 한다.

일반적으로 볼 때, 국민이 정부를 믿지 않는 이유는 여러 가지가 있다. 첫째, 경제적인 관점에서 정부에 대한 불신의 원인을 찾는 측면이다. 이는 경제정책이 실패할 때, 국민들은 쉽게 정부를 믿지 않게 되는 사례에서 엿볼 수 있다. 특히 예산 사용에 대한 불신은 예산과 납세의무의 중요성과 직결되고 있다. 미국의 경우, 정부 불신으로 제시된 주 요인은 연방정부가 돈을 쓰는 방식과 관련되어 있다. 10명 중 8명이 비효율성과 낭비(80%), 그리고 엉뚱한 곳에 드는 비용(79%)이 불신의 주 요인이라고 지적하고 있다.

둘째, 사회학적으로 정부에 대한 국민의 불신을 설명하는 경우도 있다. 현대사회에 등장한 몰가치적 현상과 개인주의적 성향으로 많은 국민이 쉽사리 불신 풍조를 갖는다는 의견이다. 이에 따라 많은 사람들이 정부의 권위주의적인 통치에 도전하고 정부의 행동을 비판하면서 정부를 불신하는 사회적 경향이 증진되고 있다.

셋째, 여러 가지 정치적인 변수로 인해 정부에 대한 불신이 많아진다는 주장이다. 자유주의 사회에서 나타나는 다수의 정치적인 경향 표출은 정부에 대한 다양한 태도를 허용한다. 따라서 다수의 국민은 정부에 대하여 일관성 있는 충성이나 지지를 보여주지 않기도 한다. 또 여러 선진국에서 관찰된 것처럼 특정한 정치인들이 보여 준 심각한 실정(失政)은 국민의 정부에 대한 믿음을 떨어뜨리게 한다. 영국의 '프로퓨모 성추문 사건', 미국 닉슨 대통령의 '워터게이트 사건', 클린턴 대통령의 '르윈스키 성추문 사건' 등이 정부에 대한 신뢰를 추락시키는 원인이라는 주장도 이 때문에 가능하다. 또한 정치적인 부정과 부패가 정부에 대한 믿음을 쇠퇴시켰다는 주장도 타당성이 있다.

넷째, 정치적이며 문화적인 활동이라고 할 수 있는 언론의 역할에서 정부에 대한 신뢰도의 저하를 설명하려는 시도도 있다. 정부의 비리를 들추어내어 국민의 주목을 받으려는 언론의 선정주의적 경쟁이 국민의 불신을 조장한다는 것이다. 특히 텔레비전을 비롯한 NSN(인터넷 친구 찾기 서비스) 등 대중매체의 폭넓은 보급은 일반 대중의 일탈적 행위를 조장하고 정확한 사실에 근거하지 않은 비판, 냉소주의, 불신을 유발시키는데 일조하고 있다.

최근 벌어진 사태인 최순실과 관련된 국정 농단은 기업 갈취보다 더 나쁜 예산 갈취와 관련이 있다. '400조 수퍼 예산' 가운데 공익을 위해 써야 할 돈이 최순실 개인의 치부에 이용되었다는 의혹이 제기되었다. 이는 '예산의 사유화'를 막을 장치를 갖지 못했기 때문이다.

사상 처음 400조 원을 넘겨 '수퍼 예산'이라고 부르는 금년 예산에도 그 흔적은 곳곳에서 묻어난다. 그녀의 마수가 주로 뻗친 건 문화·체육 예산들이다. 늘품체조에 5억 8000만 원, 동계스포츠영재센터에 7억 원, 뮤지컬 '원데이'에 3억 3000만 원의 혈세가 지원되었다고 한다. 동계올림픽 빙상경기장은 물론 전국에 있는 스포츠 시설을 사실상 사유화하려 한 혐의도 짙다. 공익이라는 명분으로 나라 곳간에 빨대를 들이댄 셈이다. 문화체육관광부 자체 집계로는 그 규모가 3057억 원에 달한다.

한 사업가가 회사 문을 닫았다고 한다. 그가 가장 분개하는 건 예산을 쓰는 사업 자체가 기획된다는 것이다. 그에 따르면 "전시관이나 기념관 같은 사업을 원청업체가 담당 공무원에게 제안한다. 명분이 그럴듯하니 공무원은 마다하지 않는다. 뒷돈이나 퇴직 후 일자리를 기대할 수도 있다. 예산이 잡히고, 입찰을 하지만 대개 기획한 업체가 수주한다. 다른 업체는 정보를 모르니 견적이나 입찰가를 정확히 뽑기 어렵다. 혹시 일이 꼬이면 친한 업체에 주고 다른 일감을 받는다. 낙찰을 받은 뒤엔 불필요한 설계 변경으로 예산을 최대한 빼먹는다." 우리 사회에 이러한 '작은 최순실'이 얼마나 많은지 모를 정도이다.

이제 이런 구조를 확실하게 바꿔야 할 때이다. 미국에서 예산을 짜는 건 정부가 아닌 의회예산국이다. 정부가 돈을 쓰려면 명분과 용처, 방식을 투명하게 소명해야 한다. 오바마 대통령의 역점 사업인 건강보험개혁이 산전수전 다 겪으며 간신히 실현된 것도 이 때문이다. 이는 대한민국 국회에 새로운 중차대한 의무가 부여되어야 할 이유이다. 당장 미국처럼 하기에는 무리가 있을 수 있다. 그렇다 해도 불과 한 달가량의 예산심의로는 국회의 견제가 작동하기 어렵다. 그도 안 되면 국회의 예산 심의 기간을 크게 늘려야 한다. 400조 원이 넘는 국가예산이라면 말할 필요가 없다. 돈을 쓰는 과정에는 감시의 눈이 많을수록 좋다.

기업 갈취보다 더 나쁜 것이 국가예산 갈취이다. 농업부문에서의 예산 갈취는 농민과 국민의 호주머니를 턴 셈이다. 물론 정부가 예산을 책정하고, 국회가 심의했던 결과다. 할 말이 없을 정도다.

정권의 비선 실세가 부정 축재하는 수법은 크게 두 가지다. 하나는 기업 돈을 뺏는 것이다. 과거부터 보수·진보 정권 가리지 않고 이어져 온 단골 메뉴다. 비선 실세는 기업의 약점을 쥐고 압박한다. 때로는 기업과 이해관계가 맞아 '누이 좋고 매부 좋은' 거래를 하기도 한다. 기업 경영주만 결심하면 성사되는 과정이 복잡하지 않다. 은밀해서 외부에 알려질 위험도 작다. 기업으로선 피해자와 공범 사이에서 위험한 줄타기를 한 셈이다.

다른 하나는 예산을 빼먹는 것이다. 예산은 연간 400조 원(2017년 기준)을 넘는 황금어장이다. 하지만 기업 돈을 뺏는 것보다 고난도 기술이 필요하다. 보는 눈이 많기 때문이다. 예산을 요청한 부처에서 속사정을 알 수밖에 없다. 진짜 필요한 사업인지, 누구의 이권이 걸린 건지 등등은 기획재정부 예산실 공무원도 모를 리 없다. 부처 실무자와 1년 내내 사업 타당성을 협의하기 때문이다. 허술하지만, 국회도 예산을 들여다본다. 예산안을 확정하기 전에 심의한다. 쓰고 난

뒤 결산도 한다. 논란이 있는 사업은 시민단체가 검증하기도 한다. 이중 삼중의 감시망이 있어 예산을 빼먹는 건 생각보다 쉽지 않다.

그래서 역대 대통령의 비선 실세는 주로 기업 돈을 챙겼다. 예산 빼먹기는 전 국민을 상대로 한 범죄다. 특정 기업을 등치는 것보다 죄질이 더 나쁘다. 예산을 짠 정부와 자동문처럼 통과시킨 국회는 작금의 상황을 부끄럽게 여겨야 한다. 최순실 예산을 알고도 묵인했으면 직무유기이고, 몰랐다면 무능한 것이다. 정부는 자신들이 만든 예산안에 칼을 대는 게 무참해서인지 여전히 변명하기 바쁘다. 사태의 심각성을 깨닫지 못했거나 정신을 못 차렸다. 뼈아픈 마음으로 반성하고, 반면교사로 삼지 않으면 이런 일은 또 생길 수 있다.

잘못된 예측, 실수 덩어리의 경영상의 손실 등을 국민세금으로 땜질을 하거나 포상해 준다면 이것은 탐욕을 감싸주고, 오히려 국민세금을 낭비하는 실수이자 잘못된 정책 선택이다. 납세자들의 신성한 '납세의무'를 위배하고 배반하는 일이다.

정부에 대한 신뢰 결핍의 위험성은 안에서 성벽을 허무

는 일이다. 일반적으로 먹거리인 식량 부족은 정부의 정통성을 부정하는 요인이 된다. 그보다 더 주목해야 할 부분은 신뢰의 결핍이다. 경제 부진보다 지금 당장 문제가 되고 있는 것은 신뢰의 결핍을 극복하는 일이다. 이로 인해 장차 어떤 결과가 빚어질지 그리고 그러한 결과가 궁극적으로 어떤 중요성을 가지는지 불확실한 게 사실이다. 그래서 신뢰의 결핍에 대해서는 아무리 강조해도 지나치지 않다.

과연 대한민국은 어떠한가? 우리들의 자화상은 비통하다 못해 불쌍한 지경인 경우가 허다하다. 국민은 당해 정부의 정통성에 대해 신뢰감을 가지는 것이 일반적이다. 올바른 덕성과 자질을 가진 개인이나 집단에 의해 통치되리라는 믿음 때문이다. 국민의 신뢰, 신임 받는 지도자와 정치집단이라야만 성공적인 국가 관리자가 될 수 있다. 그러나 우리 사회 주변에서 왕왕 볼 수 있는 현상 가운데 하나는 연말에 남는 예산을 빨리 쓰기 위한 각종 부적절한 사업 집행이 해마다 되풀이되고 있다. 이는 탐관이나 용관(冗官)들이 부지기수라는 사실을 입증하고 있다. 이를 진정 어려운 이웃을 위해 사용하려는 용기 있고, 배려 깊은 공직자가 그만큼 부족하다는 사실이다.

국가는 가치관이 모호한 국민을 다스리기는 쉬울 수도 있다. 따라서 가치관 없고 줏대 없는 국민은 민주주의 가치 및 이념을 지닌 국가를 세울 수도 운영할 수도 없게 된다는 교훈을 잊어서는 안 된다. 티베트 종교 지도자 달라이 라마(Dalai Lama)는 "필요한 존재가 되지 못한 걱정이 두려움을 만든다."고 했다. 우리 모두는 납세의무를 다하면서 사회에서 응당하게 필요한 존재가 되길 원한다. 그러나 부패한 관리와 정치인을 가장한 정상배(政商輩)들과 관련된 비뚤어진 사회단체들이 필요한 존재를 비웃기나 하듯이 국가 예산을 마구잡이로 뜯어 먹고 나눠 먹고 해서 국가의 정체성을 흐리는데 앞장서고 있다. 그들에게 일반 서민들의 정서는 그들의 이쑤시개도 아닌 셈이다.

어떤 사고나 재난을 당한 사람들의 고통을 정치적으로 이용해 먹으려는 정치 및 사회집단의 탐욕이 도를 넘는 경우가 허다하다. 어려운 시기에 이웃의 불행을 이용해 돈과 출세 기회를 벌려는 사이비 정치활동가들이나 반정부 인사들이 활개치는 사회는 결코 좋은 사회 공동체로 존재하지 못한다.

철학이 없어서가 아니다. '만족의 결핍'은 물질적 축적에

탐닉하기 때문이다. 그래서 시민의식, 희생, 봉사 같은 '정의로운 사회'가 요구하는 강력한 공동체의식이 요구되고 있다. 아리스토텔레스는 정의를 "사람들에게 그들이 마땅히 받아야 할 것을 주는 것"이라고 했다. 정치가 선(善)을 실천하는 것이라면 정치는 사람들에게 선을 돌려주는 이념 또는 행위여야 마땅하다. 따라서 좋은 정치인이라면 이를 잘 실현하는 능력을 가진 자라고 하겠다. 요리 책이 많다고 해서 꼭 훌륭한 요리사라고 할 수는 없는 노릇이다.

정부 신뢰 회복을 위한 선택

정부 신뢰 회복의 원리는 무엇인가에 대한 질문에 대하여 지난 300년 동안의 인류의 역사가 주는 답은 다음과 같다. 즉 '자유 존중의 길'이 국가 발전의 길이고 국민을 편안하게 하는 길이다. 이렇게 신뢰 회복 원리가 명백함에도 불구하고 인류의 역사가 자주 퇴보하는 이유는 다름이 아니라 국가를 발전시키는 자유 못지않게 평등의 기대가 충족되지 않고 있기 때문이다.

자유도 평등도 모두 귀중한 가치들이다. 그러나 인류의

역사는 평등 우선을 추구하면 평등도 이루지 못하고 자유도 잃게 된다는 사실을 가르쳐 주고 있다. 사회주의국가와 복지국가의 실패 경험이 이를 보여준다. 반면에 자유 존중을 추구하면 자유도 누리고 평등도 얻을 수 있다. '골고루 잘사는 선진국'은 '자유의 확대'를 통하여 얻을 수 있지 '평등의 추구'를 통하여 얻어지지 않는다. 그래서 역사의 가르침은 '자유야말로 평등에 이르는 지름길'이라는 것이다.

국가나 개인의 발전은 분명히 자유와 평등을 보장하는 데서 가능하다. 여기에서 지도자의 중요성과 역할이 나오는 것이다. 특히 대중과 이익집단의 목소리가 커지는 민주화의 시대일수록 정부 신뢰 회복의 철학적 이념과 원리를 바로 알고, 확고하게 원칙을 지키는 지도자가 나와야 한다. 국민과 대중 정서를 끊임없이 살피고 소통해 나가며, 국가를 진실로 발전시키는 '자유 존중의 길'로 이끌어 나가야 한다. 이는 마치 입에 쓴 약이 몸에 이로운 것과 마찬가지 원리이다.

2장

대한민국의 자화상

대한민국의 민주주의는 처음부터 없었다. 통치와 복종만이 있었을 뿐이다. 정치인과 그 주변부 집단에 속하는 자들이 대한민국을 지배해 왔을 뿐, 우리가 스스로를 자치(自治)하는데 만족할 수 있는 자부심은 찾기 어려웠다. 어쩌면 앞으로 이런 정도의 만족감마저 느낄 수 없을지도 모른다는 우려를 지울 수가 없다. 하지만 우리는 대한민국 건국 이래 '민주주의는 계란보다 깨지기 쉽고, 바위보다 강하다는 사실'을 경험할 수 있었다. 바로 이러한 까닭에 대한민국은 70여 년을 버텨왔다.

한국 민주주의 72년의 여정

2017년은 대한민국의 광복 72주년이 되는 해다. 우리 민주주의는 건국 이후 정치적 부침 속에서 민주화를 이룬 이후 30년이 흘렀지만 여전히 회색지대에 갇혀 있다. 민주화 이후 다양한 사회적 요구들이 표출됨에 따라 갈등의 양상은 보다 복잡한 양상을 보여 왔다. 특히 이는 정치권의 이해 대립과 사회단체들 간의 이익 충돌에 기인하고 있다. 현금에도 여야갈등, 지역갈등, 이념갈등, 세대갈등, 노사갈등 등이 존재하고 있으며, 이들 갈등이 제도적인 수준에서 해소되고 조정되기에는 여전히 많은 시간과 노력이 요청되고 있다.

민주주의는 정치, 사회, 경제적 영역에서 갈등 해결이 제도적으로 정착되는 과정에서 우월성을 가지고 있다. 제반 분야에서의 갈등과 대립이 바람직한 제도적 수준에서 적절하게 조정되고 해소되지 못할 경우, 과도한 비용을 지불할 수밖에 없게 된다. 대한민국은 짧은 기간에 비하여 너무나 많은 학습비를 내면서 오늘에까지 이르고 있다.

대한민국이 겪어온 지난 시기는 세계 어느 민족, 어느

국가도 경험하기 힘든 '도전과 응전'의 연속이었다. 광복의 기쁨을 채 누리기 전에 밀어닥친 분단 상황, 한민족 전체를 절멸의 위기로 몰아넣은 6·25 한국전쟁, 폐허 속에서 변변한 자원 없는 열악한 조건을 딛고 일궈낸 근대화 및 산업화, 그리고 마침내 우리 수준의 민주화를 이뤄냈다. 제2차 세계대전 이후 등장한 숱한 신생 독립국가 중 이런 과제들을 단기간에 모두 달성한 나라는 대한민국이 유일하다.

그렇다면 이를 만들어낸 동력은 무엇이었나? 두 가지 저력의 결합으로 우리는 자유민주주의와 시장경제를 기본으로 하는 대한민국을 건국할 수 있었고 유지해 올 수 있었다. 하나는 일본 제국주의와 싸운 항일(抗日)의 힘이고, 다른 하나는 북한 공산주의와 싸운 반공(反共)의 힘이다. 이 중 어느 하나만으로는 지금 우리의 현재를 설명할 수 없다.

우리의 다음 세대는 뜻깊은 광복 100년의 꿈을 꿀 수 있다. 그 꿈은 민주화와 선진화가 이뤄진 이후 사회적 분위기에서만 실현 가능하다. 그러한 미래로 이끌 진정한 한국꿈(韓國夢)을 꿀 수 있도록 하는 게 우리의 사명이다. 오늘날 국내총생산(GDP)은 3만 1000배 이상 늘었고, 1인당 국민소득도 1만 4800배 커졌다. 70여 년 전 최빈국(最貧國)이었던 우리나라가 세계 10위권의 무역 대국으로 변신하였다. 국민 개개인의 행복과 인권이 최우선 가치로 자리 잡으면서 민주주의에 대한 열망이 커질 수밖에 없는 준선진국의 위상이 확보된 것이다.

그러나 최근 들어 한국식 발전의 성공모델 자체가 시비거리로 드러나고 있다. 우리의 정치체제는 시대 변화에 맞는 새로운 발전 전략을 제시하지 못한 채 한계에 부딪히고 있는 징후들 속에서 방황하고 있다. 해묵은 정파·이념 갈등에 이어 이제는 세대 갈등까지 불거지고 있다. 저(低)성장 늪에 빠진 경제와 양극화 문제는 더 이상 방치할 수 없는 지경에 이르고 있다. 언제든지 대한민국을 무너뜨릴 수 있는 내부의 시한폭탄들이다. 새로운 국가 발전전략과 포용·관용의 공동체 통합모델을 찾아내는 것이 한시가 급한 국가적 급신무로 부상하고 있다.

대한민국의 부끄러운 자화상

국가나 개인에게 있어 발전은 오래 묵은 숙제를 풀어나가며 새로운 문제와 대결해가는 과정을 통해 이루어진다.

이 사실을 망각하는 순간 그간에 쌓은 성과에는 녹이 슨다. 우리 주변 여기저기에서 피는 검버섯이 심상치 않다. 부정과 부패는 나라 안위(安危)가 걸린 방위산업에서부터 100년 대계를 운위하는 교육부문 그리고 생명과 안전과 직결된 원전(原電), 고속전철 사업까지 끝이 없게 줄지어 발생하고 있다.

우리 사회 일각에서 비일비재한 부끄러운 모습은 감추어서 해결될 일이 아니다. 우월감에 젖은 권위의식 및 특권의식, 끝없는 욕심, 채워지지 않는 욕구 등은 우리 당대에서 뿌리를 뽑아야 한다. 우리의 다음 세대 그리고 그 다음 세대에까지 물려줄 수 없는 오늘의 사회적 찌꺼기들이기 때문이다. 좋은 대학에서 많이 배운 사람들 가운데 일부의 위(胃)는 왜 그리도 두껍고 큰지를 알 수 없다. 그들이 그런 욕망을 채우는데 열심인 순간 다른 보통사람들의 순수한 애국심은 한낱 잡동사니로 치부되는 이 현실은 반드시 정상의 모습으로 되돌려져야 할 일이다. 대한민국의 일부 타락한 도덕불감증 환자나 철학의 빈곤자들이 과연 북한의 김정은(金正恩)이나 권력엘리트층을 비난할 자격이 있는지는 불문가지(不問可知)이다.

배금주의(拜金主義) 만연 추세

이 땅의 엘리트들인 정치인들이나 고위 관리들 그리고 대기업 소유자들 가운데 일부는 돈 쌓는데 너무 몰두한 나머지 숱한 대형 사고들로부터 얻은 교훈을 잊고 있다. 배금주의를 신봉하는 기업이나 '관피아(관료+마피아)'들은 모두 결국 돈 때문에 사고 원인을 제공하였고, 세월호 사태 역시 돈과 어린 생명들을 맞바꾼 것에 지나지 않았다.

대한민국 사회에서 반복되어 발생하는 대형 참사 원인은 한 마디로 돈 때문이다. 성수대교, 삼풍백화점, 경주(慶州) 마우나 리조트, 세월호 사고 등은 공통적으로 돈과 직결되고 있다. 사람 생명(人命)이나 윤리 도덕보다 비용절감으로 남는 이익, 즉 돈이 문세였다. 돈이 모든 걸 시배하는 상황에서 안전은 절대적으로 불가능하다.

사회 지도층 일부가 썩고 부패하는 일방으로, 부족하지만 열심히 생활해 나가는 민초(民草)들이 홀대받는 사회를 어느 누가 정상으로 이해할 수 있는지! 종교를 빙자하여 가난한 신자들의 호주머니를 들추어 돈을 버는 사이비 종교인들, 돈이라면 사람의 생명을 하찮게 여기는 패륜적 악덕 기업가들, 공직을 이용하여 민간인의 등을 치거나 약탈에 능숙한 공무원들 및 관료기득권자들, 넘쳐나는 정치모사꾼들! 그 모두는 우리가 키워 온 범죄행위의 숙주(宿主)가 아닌가? 우리가 단순한 부패 방관자의 차원을 넘어서 심리적 물질상의 폭력의 동조자는 아니었을까? 자문자답하지 않을 수 없는 작금의 현실이다.

직업윤리는 직업생활에서 지켜야 할 도리 또는 사회적으로 기대되는 행위이다. 이는 '기본'과 '원칙'과 일맥상통한다. '수처작주(隨處作主: 자신이 서있는 곳에서 주인의식을 갖는 것)' 정신의 생활화가 필요하며, 공직자가 공인으로서 도플갱어(doppleganger: 진정한 자신을 깨닫는 것)의 의미를 분간 못하는 자들이 너무 많다는 현실이 큰 문제이다. 이는 전관예우가 변질되어 우리에게 큰 불편함을 안겨주는 것과도 직결되는 현상이다.

이기주의와 국격 타락

이기주의 경향은 개인이나 정치집단 차원을 가릴 것 없이 버젓이 행해지고 있다. 우리는 일시적이나마 모두가 미쳐

가고 있는 듯하다. 비이성적 작태와 대중에게 영합하는 인기전술(포퓰리즘)의 무책임한 살포, 근시안적 이기주의가 우리의 정체성을 망가뜨리고 있다. 요즘 걱정할 것은 나라 밖이 아니라 그 내부인 우리 자신들이 문제이다.

대통령 '누드 풍자' 사건은 예술일 수가 없고 되어서도 안 된다. 그것은 대한민국 정치판 현실을 가림 없이 그대로 보여주는 정치 스캔들이다. 문제의 작품은 풍자와 해학대신 여성 성(性)을 찔러 대는 적개심에 가득 찬 것이었다. 그것을 국회라는 공적(公的) 무대로 끌어올린 것이 한국 정치의 현주소이다. 조악하고 저질적인 그림이 정치를 난장판으로 만들었다. 분명 제 정신이 아니다.

SNS에는 온갖 욕설과 인신공격이 쏟아지고 있다. 대중의 폭주(暴走)가 공격성을 띠고 폭력화되는 것은 이제 새삼스럽지도 않다. 얼마 전 개헌 보고서를 비판한 민주당 의원들에게도 문자와 전화테러가 벌어졌다. 수천 통의 욕설 문자와 '18원 후원금'이 쇄도해 전화번호를 바꾼 의원이 속출했다. 공격을 주도한 것은 특정 인물의 열성 지지자들이었다.

지금 우리는 나라가 이성을 잃어가고 있다는 것을 피부

로 느낄 수 있다. 대통령이 되겠다는 지도자들이 권력욕에 눈이 멀고 있는 듯이 보인다. 정치인은 선동하고 대중은 집단 광기(狂氣)를 내뿜는다. 이성과 금도(襟度)가 실종되고 분노와 감정, 비정상이 판치는 나라가 되고 있다. 모두가 망하려고 작정이라도 한 듯하다. 대권 경쟁에 끼어든 수많은 후보가 너도나도 무책임하게 처신하고 있다. 군 복무 기간을 줄이고, 서울대를 없애겠다고 한다. 공무원의 정치 활동을 허용해야 한다거나, 전 국민에게 130만 원씩 나눠 주겠다는 후보도 있다. 다들 이성을 잃었다. 제정신이 아니다. 문제는 온 나라가 비정상에 익숙해진 나머지 무감각해졌다는 점이다. 무책임한 공약들이 지켜질 것이라고 믿는 사람도 없다. 그런데도 자극적이고 선정적일수록 대중 인기도는 올라가고 있다고 한다. 대중은 근시안적 이기주의로 치닫고 정치인들은 영합한다. 누구도 냉정하게 나라의 미래를 생각하지 않는다.

국가는 타살(他殺) 당하지 않는다고 했다. 외적(外敵)이 오기 전에 내부적 모순 때문에 스스로 자멸한다는 뜻이다. 동서고금 인류사에서 국가의 '자살' 원인은 공통적이다. 이기주의와 포퓰리즘이다. 대중이 눈앞의 이익에 휩쓸리고 지배 엘리트가 영합할 때 나라가 쇠망한다. 우리가 지금 그런 꼴을 닮아가고 있는 듯하다. 미국의 트럼프(D. Trump) 태풍이며 중국의 겁박(劫迫) 등으로 해서 나라 밖의 걱정거리가 많다. 하지만 진짜 걱정할 것은 밖이 아니라 우리 자신의 문제다. 비이성과 대중의 폭주, 근시안적 이기주의와 영혼 없는 일부 정치인들이 우리를 쇠락의 길로 이끌고 있는 것은 아닌지를 세심하게 살펴야 할 때이다.

한국호, 이대로 멈추어야 하는가?

우리의 위상을 찾는 노력은 지금부터 시작되어야 한다. 올곧은 지도자가 시대에 맞는 비전을 설정하고 그곳을 향해 움직이는 국가는 잘 흐르는 물과 같고, 몸속의 원만한 혈액순환과도 같다. 국가가 잘 흐르면 발전하고 번영하지만 멈추면 썩는 물과 같아진다. 우리가 지금 누리는 이 정도의 번영은 얼마 전까지 비록 구비마다 소용돌이가 있었으나 물처럼 잘 흘러왔음을 보여준다. 시대적 조건에 맞는 방향 설정에 비교적 성공적이었기 때문이다.

그러나 민주화 다음 단계에서 시대적 사명을 설정하고

수행하는 데 실패하고 말았다. 그 증거가 바로 민주화와 산업화 세력 간의 수평적 싸움이다. 이것은 극단적인 이념 갈등으로 나타나고 있다. 산업화에서 민주화로의 이행은 직선적 역사발전이다. 민주화 다음의 발전 지표 설정에 실패한 후에는 시간성이 실효하고 벽에 갇혀 지내고 있는 셈이다. 후진국형 재난이 끊이지 않는 것은 나라가 후진국적으로 관리되고 있기 때문이다. 관(官)과 민(民)이 후진국 레벨의 시선을 벗어나지 못하고 있다. 흐르지 못하고 멈춰 서서 썩게 되면 공멸(共滅)의 길이자 다 함께 썩는 일만 남게 된다.

민주주의의 존재 여부 확인하자

민주주의를 지향하는 국가라면 과실(果實)이어야 할 자유와 평등이 보장되어야 한다. 폭정과 압제, 그리고 공포와 차별만이 있을 뿐이라면, 지식인들조차 민주주의라는 오류에 중독되어 마침내 맹신자가 된다. 인류는 민주주의에 도취되어 왔다. 중세 이래로 문명이 발전하고 민주주의의 압도적 승리를 확인하면서 인류는 종교적 맹목에서 벗어나, 스스로를 다스리는 제도와 이념을 선택했다. 민주주의를 외치는 것은 민주주의가 결점이 있지만 독재의 위험성이 가장 적은 체제이며, 가장 평화로운 의사결정 구조라는 이유 때문이다. 민주주의 외에 아직 달리 선택할 제도가 없다는 현실이 민주주의 체제의 생명을 연장해 주었다. 정당이 과두화(寡頭化)되면 '마피아' 같은 폭력조직 단체와 다를 바 없게 된다. 당원은 대표자 보스에게 절대적으로 충성하며 보스가 결정한 당론은 통치 이데올로기가 되어 행동통일의 강력한 에너지를 발휘하게 된다. 급기야 이는 민주주의 타락을 초래하게 되어 있다.

민주주의로 포장된 시민단체들, 조작되거나 위장된 이미지에 환호하는 팬클럽이 통치자를 연호한다. 이는 매우 비극적인 상황이다. 결국 정치가 경박하고 천박해진 근본적인 원인은 대중의 가벼움에 있다. 대중을 이끌 예지(叡智)가 없는 정치인에게는 대중에 아첨하는 것 외에는 다른 길이 없게 된다. 따라서 대중의 기호에 영합하는 포퓰리즘을 통한 정치야말로 가장 쉬운 통치방식으로 자리 잡고 만다.

이런 이유로 오늘날 정치인은 구체적이고 적실성 있는 정책보다는 거대담론을 선호한다. 거대담론이야말로 자신의 이미지를 쌓는 첩경이다. 그런 자는 가장 휘발성이 높은 '빈부격차'를 항상 공격대상으로 삼아, '골리앗'과 맞서 싸우는 '다윗'의 '약자 프레임'을 즐기는 것이다. 세상을 바꾸겠다는 자는 독재자이든 그 누구이든 간에 가지지 못한 자들인 빈자(貧者)에게는 메시아로 쉽게 다가가는 것을 잘 알고 있다. 오늘날에도 우상화가 진행하는 과정은 보다 온건해졌을 뿐 민주주의를 내세우며 감춰진 전략전술로 접근하는 그 기본 구조는 같다. 대중을 편지어 갈라서게 만들고 개혁을 명분으로 저소득층에게 아부하는 것은 러시아 '10월 혁명' 당시 전위당(소비에트)이 농민과 노동자에게 취했던 약속과 하나도 다를 바 없음을 발견할 수 있다.

저급하되 가장 효과적인 대중조작은 대중을 두 편으로 갈라 한 편에서 다른 편을 공격하게 하는 '편 가르기'다. 예컨대 '가진 자'와 '가지지 못한 자'로 편을 갈라놓은 후 빈자의 편에 가담하는 방법이다. 대중은 정보의 홍수 속에서 개인적 이해관계가 있는 사안이 아니라면 특별한 관심을 두지 않는다. 이렇게 되면 대중은 공략이 간단해지는 대상일 뿐이다. 이처럼 단순한 대중을 조작하는 것이 수월해지는 이유는 대중의 '승자에의 가담 속성' 때문이다.

최근 우리 국내에서 일고 있는 국민적 갈등의 원인이 전부는 아니라 할지라도 일부는 대중 인기에 영합하고 대중 정서에 아부하는 '포퓰리즘적 선동가'들이 나라를 '자유의 길'보다는 '평등의 길'로만 이끌고 가려고 하기 때문이다. 경제가 추락하고 실업자가 늘며 사교육비와 부동산 가격이 오르니, 그 피해와 고통은 가난하고 어려운 사람들에게 집중된다. 낙후된 지역, 가난한 가정, 집 없는 사람들이 더욱더 살기 어려워지고 있다. 그 동안 '자유' 우선정책이나 '평등' 우선정책은 이도저도 아닌 누더기 정책으로 변질되어 양극화 현상과 가난의 대물림만 더 심화되고 있는 셈이다.

일부 정치인들의 국가 정체성 부정

2010년 12월 재스민 향기는 중동 전역으로 퍼져 나갔다. 이집트·리비아·예멘 정권이 잇달아 무너졌다. 세계는 아랍의 봄을 기대했다. 그러나 봄은 오지 않았다. 이집트는 다시 군부독재로 되돌아갔고, 리비아는 분열되면서 파벌 무장 조직들이 할거하는 전쟁터로 변했다. 시리아는 장기 내전으로 대규모 난민이 국경을 넘어 탈출하는 사태를 경험하고 있다. 급기야 온갖 인권 유린을 자행하는 괴물 같은 테러

조직 이슬람국가(IS)가 탄생했다.

재스민 향기가 이런 괴물의 탄생으로 귀결된 이유는 각국의 지도자들이 국내 통합을 외면하고, 국제정세를 통찰하는 능력 있는 진정한 정치 지도자가 없는 가운데 유토피아를 가져다줄 것처럼 거짓과 선동을 일삼는 정치꾼들로 가득했기 때문이다. 여기에 시민의식이 결여된 일부 시민단체의 방종적 자유가 가세했다. 정치모리배들의 거짓과 선동은 책임의식을 없애버렸고, 허황된 약속은 근로의식을 위축시켰다. 국가 경쟁력은 최악으로 치달았고 국가 기능은 마비되기에 이르렀다. 국가 행동계획을 마련하지 못했고, 국가정체성도 회복하지 못했으며 오직 비생산적인 이념 분쟁만 격화시켰을 뿐이다. 영국 일간지 《인디펜던트(Independent)》는 "희망으로 시작했던 아랍의 봄이 황폐화로 막을 내렸다."고 지적했다.

재스민 혁명의 실패는 도둑을 피하려다 강도를 만날 수 있음을 알려준 사례이다. 광장의 함성은 결코 주권과 동격이 되지 못했다. 민중의 집단적 광기만으로는 국가 존립이나 국민 행복을 가져다줄 수 없음도 일깨워 주었다. 우리도 구정물 치운 자리를 흙탕물로 채우는 우를 범해서는 안 된다.

작금의 사태에 대해 대통령 개인을 미워할 수는 있다. 그러나 국가 정체성마저 흙탕물 속에 처박아선 안 된다.

역사는 일러주고 있다. 소란을 더 소란스럽게 만드는 자는 민주주의의 영원한 적이라는 사실이다. 고대 그리스 민주주의는 도편추방제로 그런 거짓 선동꾼을 10년간 추방했다. '아가사창(我歌査唱)'이라는 옛말처럼 꾸짖음과 나무람을 들어야 할 사람이 오히려 먼저 큰소리를 내는 것은 아닌지 돌아봐야 한다. 거리에서의 단죄에 휩쓸리기보다 국민 각자가 제자리를 지켜 정치권의 정치력 상실이 가져다 준 상처가 얼마나 비극적 결과를 가져왔는지를 냉정히 평가해야 한다. 나라를 다스리는 엘리트들이나 정치인들이 성난 민심에 편승해 정치바람의 작두 위에서 칼춤을 추는 모습들은 우리의 선량(選良)이 아니었으면 하는 조그만 희망마저 꺾어버렸다. 현명한 주권자는 자기의 결점은 생각하지 않고 남의 잘못과 비난에만 열 올리는 '이단공단(以短攻短)'의 목소리를 과감하게 걷어 차버리는 냉철함을 가져야 한다.

썩은 물은 내버려야 한다

세상은 야망을 가진 자들이 각축하는 곳이지, 배려가 넘치는 곳이 아니다. 정의(正義)는 오래 전 땅에 파묻혔다. 적어도 정치판에서는 그렇다는 말이다. 정직한 이는 살아남지 못한다. 보수주의를 말하면서 빈곤층에 눈감거나 진보주의를 내세워 개인적 이해에 몰두하는 것은 욕심이 눈을 가려 세상을 정직하게 보지 않아서이다.

정의는 사라진 지 오래다. 그래서 이 나라에는 가짜 권위는 넘쳐나지만 진짜 권위는 없다. 진정한 지도자도 경청할 만한 원로(元老)도 없다. 정치인, 관료, 교수, 율사들이 제일 먼저 썩었기 때문이다. 끼리끼리 해 먹고 서로가 서로를 보호하는 '그들만의 리그'에 만족하고 있어서이다. 국회의원이라는 대작(大爵)에 눈이 멀었거나, 대작 옆에서 깨춤을 추는 재미에 모여드는데 불과한 존재가 되었기 때문이다. 그래서 검사장이나 대학총장 같은 높은 지위를 지내고도 국회의원 자리를 넘보거나, 심지어 대법관을 지낸 자가 철없이 정치판에 뛰어들기도 한다. 나라를 위하고 자신의 이념을 실천하기 위한 게 아니라는 사실은 그 스스로가 너무 잘 알고 있는 일이다.

세(勢) 있는 국회의원들, 청와대 수석이라는 자들, 검사장이나 고위 법관을 지낸 율사들, 정치판에 나서기 좋아하는 교수들, 권력에 빌붙어 한 자리를 차지한 고만고만한 이들 때문에 나라의 미래가 어두워 보인다. 오직 권력을 갖기나 돈 벌어서 사는 그게 다인 줄 아는 모리배(謀利輩)들 때문에 나라의 장래가 어지럽다. '모로 가도 서울만 가면 된다.'는 편법이 지배하는 사회, 불의든 뭐든 성공한 자의 궤적(軌跡)은 미화되거나 찬사 받는 사회, 내 이익이 첫 번째 잣대가 되어야 한다는 강변(强辯)만이 크게 들리는 사회가 어찌 '헬조선'이라는 비아냥의 대상이 되지 않겠는가. 그저 참담할 뿐이다.

후진적 민주정치에서 벌어지는 일반적인 현상의 하나는 통치자와의 사적 인연이 권력 개입의 통로가 되는 일이다. 심지어는 통치자의 신앙에 따라 종교지도자가 권력에 개입하기도 한다. 가장 질 낮은 개입은, 통치자의 가족이나 특수한 관계에 있는 자가 국가의 의사 결정을 농단하는 것이다. 바로 이들이 민주주의를 파괴하고 국가 전체를 타락시키는 주범이다. 이들은 그저 모리배일 뿐이기에 지탄받는다. 정치판에서는 이 권력집단에게 온갖 비난을 가하면서도 구체적인 어떤 반성도 없이 지내왔다. 이런 일이 매 정권마다 반복해서 벌어지는 가장 큰 이유는 정치인으로서의 기본적인 덕목조차 갖추지 못한 '사이비'라는 데 있다.

민주주의를 유일한 정치적 가치로 떠받들고 있는 이유로 해서 우리는 거짓말과 그 거짓말을 감추기 위한 또 다른 거짓말밖에 할 줄 모르는 정치적 낭인(浪人)들에게 매일처럼 복종하는 자신을 발견한다. 직접적인 정치적 거래는 아닐지라도 권력의 집중과 확산 현상이 그만큼 늘어난 것을 뜻한다. 권력의 집중은 '권력분립의 형식을 빌린 권력 독점'이다. 흔히 말하는 '제왕적 대통령'이나 독재국가의 '권력의 인격화' 현상 때문이다.[1]

---

1 신한국당 시절의 김영삼 대통령은 2015년 정치인 김대중이 365개 가차명계좌에 670억 원의 비자금을 관리한 혐의로 검찰에 고발되었을 때, 비밀리에 수사중지를 지시했다.

새로운 사고로 대처해야 한다

우리는 지금 기로에 서 있다. 지금과는 다른 차원의 시선으로 접근하고 새롭게 무장하지 않으면 우리가 지금까지 쌓은 부와 명성을 한 단계 상승시키기란 매우 어렵게 될 것이다. 겉과 속이 다르고 결코 자랑할 수 없는 우리 민주주의이다. 하지만 부끄러워도 내 나라이고 내 국가이기에 냉정히 바라볼 수밖에 없다.

모두가 새 출발을 염원하는 지금 '정부 3.0'이나 규제개혁 차원을 넘어 정부 역할의 재정립과 관피아 척결을 실행해야 할 적기(適期)이다. 고위관료가 낙하산을 타고 부당하게 재취업하여 민간 사업자의 '방패막이'가 되어 정부에게 청탁함으로써 관치(官治)가 재생산되고, 이로 인한 부패가 확산되어 정부를 무력화하는 적폐(積弊)를 척결해야 한다. 사회 각계의 직업윤리를 재정립하고, 각계 리더들의 자질을 높일 수 있는 방법의 하나로 '노블레스 오블리주 운동'을 전개해 나가야 한다. 이러한 새로운 사고로 무장하여 개혁으로 나아가야 한다.

그래서 구국구망(救國救亡)의 정신으로 낡은 나라를 새

롭게 일으켜야 한다. 다산(茶山) 정약용(丁若鏞) 선생은 "나의 낡은 나라를 새롭게 하겠다(新我之舊邦)."는 평생 품은 포부이자 사명감을 『경세유표(經世遺表)』의 서문 격에 해당하는 「방례초본인(邦禮草本引)」에서 이렇게 서술하고 있다. "(이 나라는) 털끝 하나라도 병들지 않은 것이 없다. 지금 당장 개혁하지 않으면 나라가 망하고 나서야 그칠 것이다(蓋一毛一髮, 無非病耳. 及今不改, 其必亡國而後已)." "이러하니 어찌 충신 지사가 팔짱만 끼고 방관할 수 있을 것인가(斯豈忠臣志士所能袖手而榜觀者哉)."

단재(丹齋) 신채호(申采浩) 선생이 1925년 1월《동아일보》에 발표한 「낭객의 신년 만필」이라는 글은 우리 민족의 정체성 확립 필요성을 갈파하고 있다.

> "우리 조선 사람은 매양 이해 이외에서 진리를 찾으려 하므로, 석가가 들어오면 조선의 석가가 되지 않고 석가의 조선이 되며, 공자가 들어오면 조선의 공자가 되지 않고 공자의 조선이 되며, 무슨 주의가 들어와도 조선의 주의가 되지 않고 주의의 조선이 되려 한다. 그리하여 도덕과 주의를 위하는 조선은 있고, 조선을 위하는 주의와 도덕은

없다. 아, 이것이 조선의 특색이냐. 특색이라면 특색이나 노예의 특색이다. 나는 조선의 도덕과 조선의 주의를 위하여 곡하려 한다."

또한 백범(白凡) 김구(金九) 선생의 『백범일지』 말미에 붙인 「나의 소원」이라는 글 가운데 일부를 소개하고 싶다.

"나는 우리나라가 세계에 가장 아름다운 나라가 되기를 원한다. 가장 부강한 나라가 되기를 원하는 것은 아니다. 오직 한없이 가지고 싶은 것은 높은 문화의 힘이다. 문화의 힘은 우리 자신을 행복되게 하고, 나아가서 남에게 행복을 주겠기 때문이다. 인류가 현재에 불행한 근본 이유는 인의가 부족하고, 자비가 부족하고, 사랑이 부족한 때문이다. 나는 우리나라가 남의 것을 모방하는 나라가 되지 말고, 이러한 높고 새로운 문화의 근원이 되고, 목표가 되고, 모범이 되기를 원한다. 그래서 진정한 세계의 평화가 우리나라에서, 우리나라로 말미암아서 세계에 실현되기를 원한다."

부국의 꿈으로 선진국 건설 가능하다

개인 차원에서 '꿈'이 필요하다. 각자 개인들은 '꿈'이 있느냐 없느냐로 독립적이냐 아니냐를 알 수 있다. 그리고 꾸는 '꿈'에 따라서 선진화로의 길로 매진할 수 있게 된다. 좋은 '꿈'을 꾸기 위해서는 이제 썩은 틀들을 폐기처분해야 할 때이다. 이정도로만 살다 갈 수는 없다. 민주화 세력이 민주화의 신념과 방법에만 집착하여 버티고 있다면, 그들이 비판하는 산업화 세력이나 건국 세력과 다를 바 없이 썩은 깃발로 나부끼게 될 뿐이다. 한 단계 높은 다음 목표를 위해 자기 탈피를 못한다면 역사를 정체시키는 우(愚)를 범할 뿐이다. 그런저런 구경꾼으로 살지 않으려면, '꿈'을 꾸는 존재로서의 실존으로 구체화되어야 한다. '꿈'이 없는 삶은 빈껍데기에 지나지 않는다.

대권 주자들이나 정치 지망생들은 나라의 장래를 위해서 국민을 상대로 꿀 '꿈'이 무엇인가를 제시해야 한다. 만일 그 '꿈'이 없다면 빨리 정치판을 떠나라!

리더십·팔로어십 살려야 대한한국이 산다

서인(西人)과 남인(南人) 간의 치열한 예송(禮訟) 논쟁을 비롯한 수백 년간의 당파싸움은 나라를 망하게 만들었다. 국익은 뒷전이었던 그들의 싸움은 결국 우리 백성을 일제의 노예로 만들었다. 조선의 당파싸움 사례는 밥그릇 싸움하느라 민생과 국가 발전을 외면하는 모습이 지금 우리의 정치권과 너무 흡사하다.

얼마 전까지 곳곳에서 박근혜 대통령을 원망하는 목소리와 감싸줘야 한다는 소리가 요란하게 들렸다. 하지만 대통령을 탓하는 것으로만 근본적인 해결책이 되지 못한다. 문제의 본질은 우리의 전체적 역량이 부족한 데 있다. 대통령 리더십이 홀로 서지 못하고, 이를 지원할 팔로어십(followership)이 제대로 작동되지 못하고 있기 때문이다. 리더는 조직의 업적에 10~20%의 영향을 미치고, 팔로어는 80~90%의 영향을 주기 때문에 리더십과 팔로어십이 조화돼야 좋은 결과를 만들어낼 수 있다.

공무원들은 투철한 직업의식을 갖고 공무를 집행해야 한다. 하지만 유감스럽게도 지금 공무원들은 그럴 마음이 없어 보인다. 열심히 일하기보다는 눈치 보면서 바짝 엎드려 있는 복지부동(伏地不動)의 자세가 대부분이다. 업무량이 많고 책임질 가능성이 있는 부서는 기피한다. 이런 분위기에선 팔로어십이 제대로 작동될 수 없다. 이런 분위기는 국정을 담당하는 국회도 예외가 아니다. 벌써부터 대권 경쟁에 뛰어든 특정 인물을 위해 뛰는 일밖에 할 일이 없는 그들이다. 갈수록 힘을 키워가는 국회 권력의 남용도 리더십과 팔로어십의 조화를 방해한다. 나라를 위해 지혜를 보태야 할 국회의원들은 자신의 공천과 당선에만 눈이 팔려 있다. 인기영합적인 법안들이 난무한 가운데 나라 곳간을 비우고 미래 세대의 주머니를 털어내겠다는 약탈적 법안들도 수두룩하다. 그리스가 사회복지기금 퍼주기를 시작한 지 20여 년 만에 유럽의 '거지국가'로 전락한 사례를 우리도 밟을까 두렵다.

나라의 힘은 절대 소수의 지도자들로부터 나오는 것이 아니다. 한 나라의 힘은 리더십과 팔로어십이 융합된 결과물이며, 그 힘의 역량과 방향은 국민의 수준과 의식에 의해 결정된다. 그러나 대부분의 국민은 그 힘의 원천이 바로 '나'라는 사실을 망각하고 지낸다. 21세기를 사는 국민들은 지도자를 감시하면서도 따라가는 지혜로움이 있어야 한다. 국민이 지도자가 바른 길을 찾아갈 수 있도록 늘 관심을 갖고 지원해야 국가의 발전도 뒤따르게 된다. 아무리 좋고 훌륭한 정책이라도 정책입안자의 첫 의지와 함께 그 시행과정에서 참여하는 팔로어들의 조언과 감시 없이는 성공적 결과를 담보할 수 없는 경우가 허다하다.

모든 위기는 절대 하루아침에 오지 않는다. 전조가 있다. 우리는 지금 그 위기의 징조들이 전해지고 있는데도 당파 싸움만 하는 것은 아닌지 되돌아봐야 할 일이다.

3장

지도자 자질론

지도자는 국민을 올바르게 골고루 잘 다스려야 하는 책무를 가진 자이다. 그렇다면 뛰어난 덕목과 자질을 가져야 한다. 국민이 원하는 바를 골고루 살펴보고, 자신을 열심히 관찰해보는 것이 지도자가 취할 자세이다. 플루타르크(Plutarch) 영웅전은 "민중을 거스르면 민중에게 망하고, 민중을 따르면 민중과 함께 망한다."고 경종을 울리고 있다. 그래서 마음을 얻는 자가 천하를 얻는다는 동양의 관점과 일맥상통하고 있다.

공자가 "동이(東夷)에 가보고 싶다."고 말한 기록이 남아 있다. 공자가 그렇게 말한 이유는 당시의 정보로서 우리나라의 전통이 예의를 숭상하고 법도를 제대로 지켰기 때문이다. 총과 칼의 힘이나 법에 의한 통치가 아닌, 예의예지로 다스리는 이상적인 나라였기 때문이다.

지도자의 덕목

동양의 고전 『대학(大學)』에서는 덕(德)의 리더십을 다음과 같이 강조하고 있다.

> "지도자는 무엇보다도 덕이 있어야 한다. 덕이 있으면 주위에 사람이 있게 마련이고, 사람이 있으면 땅이 있게 되고, 땅이 있으면 재화가 있게 된다. 덕은 모든 일의 근본이며 누구든지 근본을 소홀히 하면 끝내 실패하게 된다."

동양에서뿐만 아니라 고대 그리스에서도 덕이란 지도자가 추구해야 할 가장 근본적인 특성이었다. 그리스 최고의 철학자 플라톤(Plato)은 인간이 지녀야 할 최고의 능력으로 덕을 꼽았다. 덕은 그리스어로 아레테(arete)이다. 이것은 인간으로서의 탁월한 능력을 일컫는 말이다. 플라톤은 덕을 구성하는 4가지 요소를 지혜, 용기, 절제, 공정함으로 제시했다.

동양 최고의 역사소설이자 삶의 지혜를 일깨우는 『삼국지(三國志)』에는 3가지 유형의 장수가 등장한다. 유비(劉備)와 같은 덕을 갖춘 인물과 장비(張飛)와 같은 용감한 장수, 관우(關羽)와 같은 지혜로운 장수가 대표격이다. 『삼국지』에는 "용기 있는 장수가 지혜로운 장수만 못하고, 지혜로운 장수는 덕을 갖춘 장수만 못하다(勇將不如智將 智將不如德將)."하여 덕을 중시하고 있다. 이에 비추어 보아 역시 최고의 지도자는 덕장이다. 동양의 고전으로서 각종 격언을 모아놓은 『채근담(菜根譚)』에서도 "덕은 재주의 주인이요, 재주는 덕의 종이다. 재주는 있으되 덕이 없으면 집에 주인이 없는 꼴이다."라고 덕의 중요성을 강조하고 있다.

또한 동양에서는 '신언서판(身言書判)'을 지도자의 덕목으로 제시해왔다. 건강한 신체에 좋은 느낌을 주는 인상, 진실하고 솔직한 언변, 학식과 지식, 그리고 합리적인 판단력을 중시했다. 『군주론』의 저자 마키아벨리(N. Machiavelli)는 개인의 역량, 운, 시대정신을 지도자의 3대 요건으로 꼽기도 했다.

최근 한 대기업이 신입사원 400여 명을 대상으로 직업 선택에 대해 설문조사한 결과를 보면, 가장 선호하는 리더십 유형은 꿈을 공유하는 비전제시형(172명, 40%)이었다. 그 밖에 유대와 조화를 이루어내는 관계중시형(170명, 40%), 냉정한 상황평가로 대안을 만드는 분석형(56명, 13%), 비상시 방향을 제시하는 지시형(30명, 7%) 순으로 나타났다.

동양 사회에서는 오래전부터 오심(五心)을 강조해 왔다. (1) 애(愛)=서로의 마음을 주고받는 것. 박애, 자비, (2) 정(情)=깨끗한 마음과 뜻, (3) 인(忍)=기다림, 참는 것, (4) 신(愼)=진실된 마음, 신중함, (5) 덕(德)=크고 곧은 마음, 정직함이다.

노자는 "물러서되 이기고, 피하되 이긴다. 이것이 '부쟁지덕(不爭之德)'"이라고 말했다. 즉 "훌륭한 인물은 강하지 않다. 전쟁을 잘하는 자는 상대방의 유혹에 빠지지 않는다. 승리를 거두는 자는, 결코 동요하지 않는다. 사람을 잘 부리는 자는, 상대방의 아랫자리에 앉는다."는 주장이다. 그래서 큰 도량을 가짐에 있어 "태산은 흙을 가리지 않는다. 그래서 클 수가 있다. 큰 강과 바다는 물을 가려 받지 않는다. 그래서 크고 깊은 것이다."는 경구는 기억할만한 가치가 있다.

덕목과 관련된 몇 가지 개념들을 살펴보면 아래와 같다.

첫째, 용(勇)이다. 맹자(孟子)는 '필부지용(匹夫之勇)' 즉 작은 하찮은 용기인 객기를, 그리고 공자는 '포호빙하(暴虎憑河)'라 하여 맨손으로 호랑이에게 덤벼들고 걸어서 황하를 건너가는 것처럼 무모한 짓을 삼가기를 가르쳤다. 한신(韓信)의 용기(불량배의 샅 밑을 기어감)와 오(吳)의 손권(孫權)이 100만 대군의 조조(曹操) 군에 굴하지 않고 적벽(赤壁)에서 승리를 거둔 것을 용기로 칭송하는 데는 그만한 이유가 있었다. 그리고 나아갈 때 나가고, 참을 때 참는 것이 '참된 용기'라고 전해지고 있다.

『예기(禮記)』에서 "일을 처리하면서 과감히 결단하는 것은 용기이다."라고 했고, 『오자(吳子)』에서는 "삼군의 재앙은, 의심하여 망설이는 것에서 생긴다."라고 한 것처럼, 결단이 요구될 때는 비범한 용기가 아니면 안 된다. 기존의 것과 빗어지는 불화를 자초하고 감당하는 용기야말로 자신이 자신의 힘만으로 우뚝 서 있을 때 발휘되는 또 하나의 힘이다. 나폴레옹은 "정복될 것을 두려워하면 이미 지게 되어 있다."고 했다.

둘째, 지(智)이다. '수불석권(手不釋卷)' 즉 손에서 책을 놓지 않는다는 말이다. 지도자는 매사에 밝아야 한다. 일상의 통치에서는 물론이고 특히 안전보장상의 위기 국면을 효과적으로 타개하기 위해서는 전개되는 상황에 대한 앎의 범위가 넓고 깊어야 한다. '계릉(桂陵)의 전투'에서 제(齊)나라 손빈(孫賓)의 지략은 절대적이었다. 당시 위(魏)나라가 조(趙)나라를 공격하자 조는 위에게 구원을 요청했다. 그러나 손빈은 조나라를 구하는 대신 위나라 수도를 직접 공격하여 승리를 거두었다. 역부족이지만 적의 급소를 공격하여 승리했던 것은 전투의 전말과 결과의 승패를 익히 파악하고 있었기 때문이다. 마치 맥아더(D. MacArthur)의 인천 상륙작전과도 흡사한 전과(戰果)였다. 이와 비슷하게 '이릉(夷陵)의 전투'가 있었다. 오(吳)나라 육손(陸遜)은 관우(關羽)가 사망한 이후 상심하여 평정심을 잃은 촉한(蜀漢)의 유비(劉備)의 원정군을 지치게 만들었고, 기회를 기다렸다 화공(火攻)으로 유비의 군대를 격파하는 지략으로 승리하였다.

머리를 써서 승리하는 데는 지혜가 으뜸이다. 지혜로운 자는 일이 일어나기 전에 그것을 안다(『전국책戰國策』). 그리고 지혜로운 자는 때를 놓치지 않는다(『공자가어孔子家語』). 또한 지혜로운 자는 위험을 무형(無形)으로 피한다(『사기史記』)고 했다. 결국 상대를 알고 상대의 힘을 소진시킨 뒤 싸워 이기는 지혜는 나라를 경영하는 자에게 필히 요청되는 덕목이다.

셋째, 창(創)이다. 훈고적 기풍에서 창의적 기풍으로의 이동을 통해 난국을 독자적 방법으로 극복하는 능력을 의미한다. 타인의 생각을 따지는 훈고적 기풍을 벗어나 생각의 주도권을 갖고 스스로 뜻을 세우는 창의적 기풍으로 자신의 삶을 영위하는 일은 기본적으로 자신과 나라를 독립적이고 주체적으로 만드는 일이다. 임진왜란 당시 일본 해군에 맞서 전승을 거둔 이순신(李舜臣) 장군의 "생즉사사즉생(生卽死死卽生)" 구국정신, 성리학의 이상주의 정치를 통해 태평성대의 조선을 그렸던 개혁정치가 조광조(趙光祖), 가족사적 불행 속에서도 "가난한 백성을 부자로 만들고 야박한 풍속을 돈독하게 만들고 정치를 다스려 나라의 보장을 만들 수 있다."며 국부 증대의 경제사상을 제시한 이지함(李之菡), 민중의 질병을 고쳐 백성에게 인술을 베풀었던 『동의보감(東醫寶鑑)』의 저자 허준(許浚), 조선 최고의 유학자로 중국과 일본에까지 학문적 영향력을 끼친 이황(李滉)과 이율곡(李栗谷), 첫째 둘째 셋째의 꿈도 민족독립이었던 김구(金九), '잘 살아보세'라는 비전 속에 5천 년 가난을 극복하고 경제발전과 '새마을운동'을 이끈 박정희(朴正熙) 등 이들의 비전 위에서 미래를 향한 또 다른 비전을 만들어내야 할 과제가 우리에게 있다.

넷째, 인(仁)이다. 초한전(楚漢戰)과 유방(劉邦)의 승리는 인의 결실이다. 유방의 승인은 뛰어난 용인술에 기인한다. 용인은 주체사의 인이 상대에게 확신을 가져다 줄 때, 비로소 성공하게 된다. 제갈공명(諸葛亮, 諸葛孔明)을 얻기 위한 유비의 '삼고초려(三顧草廬 또는 三顧茅廬)'는 유명한 고사이다. 뿐만 아니라 유비는 용병의 달인 한신(韓信)과 뛰어난 전략가 장량(長良) 그리고 소하(蕭何)라는 내정과 민심수습에 있어 충실한 공신을 거느렸기에 한나라를 세울 수 있었다. '홍의관후(弘毅寬厚)'는 넓은 식견, 강한 의지, 포용력을 지니고,

그릇(도량)이 매우 큰 인물을 지칭한다. 그랬기에 유비는 관우, 장비, 공명 등을 거느릴 수 있었고, 유방 또한 한신, 장량, 소하 등의 공신을 통솔하여 정치적 목표를 달성하였다.

공자는 "인(仁)은 몸 가까이에 있느니라. 자신의 명예를 귀중하게 생각하면, 먼저 다른 사람의 명예를 중히 여기게 된다. 자신이 자유로우면 다른 사람의 자유를 존중하게 된다. 이렇게 자신을 늘 다른 사람의 입장에 두고 생각하는 것, 이것이 바로 인이다."라고 했다. 삼국시대에 유비는 부하나 추종자들에 대해 뜨거운 동정심을 지니고 있었다. 그의 성품을 말해 주는 이런 일화가 있다. 유비가 조조의 대군단에 쫓겨 철수하게 되었는데, 유비를 따르는 자들이 합류하여 어느새 그 수가 십만 여에 이르렀고, 짐을 실은 마차가 수천 대여서, 유비의 군대는 큰 무리를 이루고 말았다. 이렇게 되자 속도가 급격히 떨어지지 않을 수 없었다. 보다 못해 참모 한 사람이 "이런 상황에서 조조로부터 공격을 받게 되면, 꼼짝없이 당하게 됩니다."라고 하자 유비는 이렇게 말했다. "그게 무슨 소리인가! 대업을 이루려면 무엇보다 백성의 지지가 필요하다. 보라, 이토록 백성들이 나를 좇는데, 저들을 버리고서 갈 길을 재촉해야 되겠는가?"

다섯째, 신(信)이다. 삼국지에 의하면, 제갈량도 매우 엄격한 자세로 국정에 임하고, 부하를 대했다. 그 좋은 예가 울면서 마속(馬謖)을 베었던 고사이다. 마속은 적군과 마주치자, 부장의 명령에 귀를 기울이지 않았을 뿐 아니라 공명의 지시까지도 무시하다 참패를 당하고 말았다. 당연한 일로서, 그에 대한 책임 문제가 거론되었고, 공명은 그를 벨 수밖에 없었다. '읍참마속(泣斬馬謖)'은 믿음에 대한 확신의 결과였다. 노자는 "쉽게 약속할수록 믿을 수 없다."고 했다. 또한 『노자』에 "말이 많을수록 궁지에 빠지기 쉽다.", "믿을 만한 말은 꾸밈이 없고 소박하다, 아름답게 꾸미는 말일수록 믿기 어렵다."고 했다. 신을 지키는 것은 인간이기 위한 최소한의 조건이며, 그러기 위해서는 경솔하게 약속하는 것을 삼가지 않으면 안 된다. 신이 없나는 것은 서짓말을 한다는 뜻이다. 부하들한테 거짓말을 하면, 부하들이 따르지 않는다. 약속한 것은 반드시 지켜야 한다. 즉 신이 있어야만 부하들을 심복시킬 수 있다. 신이 없다면 따르는 결과가 없다. 부하가 따르지 않음은 곧 실패이다. 제갈공명의 약속과 승리에는 상관성이 많다. 그는 전쟁 중에서도 휴식과 휴가를 실시함으로써 병사들의 사기를 진작시켰다. 조조도 자신의 말(馬)이 보리밭을 훼손한데 대한 자책으로 자신의 머리카락을 자름으로써 병사들의 신뢰를 얻었다.

여섯째, 엄(嚴)이다. 너무 관대하면 군령(軍令)이 서질 않고, 너무 엄격하면 백성의 손발을 묶게 된다. 중국 병법가의 일인자 손자(孫子)는 오나라 합려(闔閭)의 요청으로 후궁으로 구성된 여군(女軍) 훈련과정에서 엄격한 군령으로 후궁들을 처벌하기도 했다. '국궁진력(鞠躬盡力, 존경하는 마음으로 몸을 구부리다)'의 명재상 제갈(량)공명과 읍참마속(泣斬馬謖), 신상필벌(信賞必罰), 공평무사(公平無私) 등은 모두 지도자로서 본받을 덕목이다.

일곱째, 정직성과 도덕성이다. 정직성이 중요한 이유는 정직이 최고 최선의 수단이자 방법이기 때문이다. 정직성은 지지자 확보 과정에서 최고 효과를 보장해 주는 것이다.

인간을 목적으로 대하라는 '정언명령(正言命令)'도 목적으로서의 인간이 가진 절대적 가치를 존중해야 한다는 '바름' 그 자체이다. 한반도 삼국분열 시대를 마감하고 통일의 대업을 이룬 신라의 김유신(金庾信)은 멸망한 가야의 후손으로 신라의 왕족들에게 소외를 당했지만 신라의 부국강병을 위해 헌신했다. 15세에 화랑이 되어 고통과 죄악이 없는 밝은 세계를 기원하는 용화향도(龍華香徒) 집단을 이끌면서 김춘추(金春秋)와 함께 68세에 마침내 삼국통일을 달성했다. 그는 고구려 공략전에 참여하는 동생에게 그의 꿈을 이렇게 설파했다. "지금 신라는 충절과 신의가 있어 존재하고, 백제는 오만함으로써 멸망했으며, 고구려는 교만하기에 위태롭게 되었다. 지금 우리는 정직함으로써 그들의 굽은 것을 치는 것이니 반드시 뜻을 이룰 수 있을 것이다."

도덕성은 대통령의 통치기반이자 성공을 좌우하는 필수 요건이다. 대한민국 건국 이래 11명의 대통령이 탄생했지만, 대부분의 국민은 지연, 학연, 혈연 중심 인사로 인한 부정부패 등 도덕성의 결여를 대통령들의 국정 실패 요인으로 생각한다. 도덕성은 도덕적 역량이고, 도덕성 자체가 정치적 힘이 된다. 사람의 성정(性情)은 심리적 특성과 도덕적 품성을 아우르는 말이다. 일반인들에게 있어서도 제일 중요한 가치관은 도덕성이라 할 수 있다. 가치관은 어떤 목적이나 행동에 대해 어떤 것이 더 중요하고 더 올바른가를 판단하는 데 기준이 되는 개인의 신념을 말한다. 따라서 도덕적 가치관은 인간의 삶의 질을 결정한다.

미국 독립에 기여한 공로를 인정받아 '미국 건국의 아버지', '최초의 미국인'으로 불리는 벤저민 프랭클린(Benjamin Franklin)은 자신의 성공 비결로 가치관 정립을 통한 '도덕성의 완성'을 꼽았다. 정도(正道)를 추구한 제갈공명은 "천하를 얻더라도 도덕성과 신의를 잃으면 모든 것을 잃는다."며 평생 동안 청렴과 도덕성을 최고의 가치관으로 삼고 살았다. 도덕성은 동서고금을 막론하고 개인과 조직, 국가의 흥망성쇠를 좌우하는 중요한 요소다. 가난해서 나라가 망하는 경우는 거의 없지만, 사회 지도층의 부도덕성이 나라를 망하게 하는 경우는 허다하다. 따라서 공직자 등 사회 지도층의 도덕성은 리더십의 기반이 되는 매우 중요한 덕목이 아닐 수 없다.

여덟째, 품성이다. 진(秦) 시황이 하나의 통일국가를 만들어 도약의 발판을 마련했다면 당(唐) 태종은 제2의 중국을 건설하였다. 이때부터 중국이 한(漢)족만의 중국에서 벗어나 주변의 이민족을 거느리는 블랙홀로 변신했고, 시간이 흐를수록 비대해져 초대형 다민족 제국 중국으로 거듭났다. 이들의 업적 뒤에는 성군 및 명군이 지니는 품성과 자질이 있었다. 암군(暗君)이 비위 맞추려는 측근만 두는 지도자라면, 명군(名君)은 신하의 의견에 귀를 기울이는 소통형 지도자이다. 진 시황과 상앙(商鞅)과의 관계라든지 당 태종과 위징(魏徵)과의 관계는 군신관계의 한 표상이 되어 왔다.

당 태종(599-649) 재위 20여 년간의 '정관의 치(貞觀之治)'를 기록한 『정관정요(貞觀政要)』는 군주의 도(道)를 일러주고 있다. 여기에서 "물은 배를 띄울 수도 있으나, 물은 배를 뒤집을 수도 있다(水則載舟 水則覆舟 水能載舟 亦能覆舟)."고 했다. 이는 요즘 민심이나 여론의 중요성을 함축하는 말이다. 그리고 첫째, 백성을 먼저 생각하라. 둘째, 더 크게 귀를 열어라. 셋째, 사람을 진정으로 대하라. 넷째, 스스로를 경계하라는 제왕학(帝王學)의 요체이자 공자의 '정자정예(政者正也)' 개념도 앞질러서 가르치고 있다. 남송 시대의 유학자(주자학)인 주희(朱熹, 朱子)도 『대학』과 『중용(中庸)』에서 개인의 도덕적 행위의 실천 규범과 '수신세가치국평천하(修身齊家治國平天下)'를 지도자의 덕목으로 내세웠다. 그는 '삼강령(三綱領)'이라는 명제를 설정하여 지도자가 되기 위한 3가지 목표, 즉 이상적 인격체를 가진 지도자는 (1) 밝은 덕을 더욱 밝히라(明明德), (2) 사람을 사랑하라(親民), (3) 최선의 경지에 머물러 살라(止於至善)고 제시하였다.

공자는 임금이 될 만한 자질로 '아랫사람을 부릴 때는

귀한 손님 대하듯 하고, 자기의 노여움을 다른 사람에게 옮기지 않고, 다른 사람에 대한 원한을 오래 가슴에 품지 않으며, 다른 사람이 과거에 지은 죄는 마음에서 흘려버릴 줄 아는 성품'을 들었다. 플라톤은 『국가론』에서 "권력을 소유하는 자는 욕망을 소유하자 말라."고 지적했다. 이는 도덕적으로 자신을 희생하는 고매하고 숭고한 정신을 강조한 것이다.

현대 미국 대통령들에 관한 전기(傳記) 작품으로 퓰리처상을 받은 열 명의 작가들이 10여 년 전에 모여 한 권의 책을 묶어 내놓았다. 이들이 여러 차례 토론을 거쳐 만장일치로 채택한 책 제목이 『성품(性品)보다 중요한 것은 없다(*Character Above All*)』이다. 대통령 후보가 어떤 환경에서 어떻게 성장해 어떤 성품을 지녔는지를 모른 채 겉모습에 홀려 대통령으로 뽑는 것은 대통령 의자에 시한폭탄(時限爆彈)을 장치해 놓은 것과 마찬가지라는 말이다. 이미 오래 전에 그리스의 헤라클리투스(Heraclitus)가 "성격이 운명을 결정짓게 된다."라고 지적했던 의미와 일맥상통한다.

도덕성은 타고난 본성적 요인과 후천적 교육과 학습에 의해 습득된다. 미국의 조지 워싱턴(G. Washington)은 이타적

멸사봉공 정신에 투철하였고, 군총사령관 및 대통령 봉급을 모두 사절하고 오직 자신의 직무에만 충실했던 사례는 선공후사의 표상이 되었다. 이와 같은 자세와 정신은 우리나라의 계백(階伯) 장군과 최영(崔瑩) 장군의 일생에서도 귀감으로 전해져 오고 있다.

아홉째, 포용성이다. 유비는 '홍의관후'의 입장에서 부하들을 깊은 사려와 두터운 믿음으로 대했다. 그런 점에서 유방이 용맹한 장수와 훌륭한 인재들에 둘러싸여 있었던 것과 유사하다. 이는 지도자 스스로가 실천했던 공의 결과이다. 지도자는 반드시 넓은 마음으로 천하에 품지 못할 것이 없어야 한다. "재상(宰相)의 뱃속에는 노도 젓고, 장군의 이마 위에서는 말도 탄다."라는 명언도 있다. 중국의 지도자 덩샤오핑(鄧小平)은 지도자들에게 두 가지 덕목을 강조했다. "시야는 더 넓게 하고, 마음은 더 크게 하라." 본래 지도자는 무엇이든 포용할 수 있는 아량이 있어야 하며 어떤 일에든 과도하게 질책해서는 안 된다. 또한 모든 사람에게 완벽하도록 요구하지 않고 아랫사람의 실수를 받아주고 그 잘못을 감싸줘야 한다. 이처럼 마음이 넓은 자야만 많은 인재를 모을 수 있다.

통일신라 말기, 후삼국의 분열이라는 혼란의 시대를 마감하고 통일 국가를 건립한 왕건(王建) 역시 그러했다. 왕건은 고구려의 후손임을 자랑스럽게 여겨 국호를 고려라고 칭했다. 그는 민중의 아픔을 헤아리는 따듯한 지도자였고, 덕으로 궁예(弓裔)의 후계자로 추대를 받았고, 포용력으로 신라의 마지막 왕 경순왕(敬順王)의 투항을 받아주었다. 그는 갈등과 대립으로 점철된 각 지방의 호족을 포용하기 위해 화합정책을, 고구려의 땅을 회복하기 위한 북진정책을, 민중의 행복과 평화를 위해 국가의 이념으로써 불교 숭앙정책을 이념으로 삼았다. 융화정책, 북진정책, 숭불정책을 건국이념으로 삼아 나라를 다스렸다.

열째, 관용이다. 나폴레옹 역시 관용의 중요성을 잘 아는 인물이었다. 나폴레옹은 '승리했을 때가 가장 위험한 때'라고 지적한 바 있다. 이는 승리자의 겸손을 강조한 것이다. 그는 군을 이끄는 책임자로서 종종 병사들의 잘못을 비판하기도 했지만, 너그럽게 상대를 대하였다. 절대 높은 자리에 앉아 그들을 내려다보지 않았다. 그래서 병사들은 그의 비판을 기꺼이 받아들였다. 덕분에 그의 부대는 여러 가지 악조건 속에서도 단결력과 전투력을 강화할 수 있었고 여러 전투에서 그토록 용맹하게 싸울 수 있었던 것이다. 이처럼 진정한 사기는 부하들과의 연대의식에서 비롯된다. 손자가 말하기를 "장수가 병사들을 사랑하는 자식처럼 대하면 그들도 생사를 같이 할 것이다. 하지만 병사들을 너무 후대하면 부릴 수 없을 것이며, 사랑이 지나치면 명령해도 듣지 않으며 문란해져 다스리지 못할 것이다."라고 했다. 중국의 옛 병법서인 『삼략(三略)』에는 양장(良將) 일화가 소개되고 있다. 장군이 전쟁에 출정할 때 때때로 술을 주는 사람이 있었다. 그럴 때마다 그는 술을 군사들과 함께 나누어 마시기 위해 흐르는 냇물에다 부었다. 물론 작은 양의 술이 강물에 풀어져 술맛을 느낄 수는 없었지만, 자신을 생각해주는 장군의 마음을 읽은 병사들은 목숨을 아끼지 않고 싸웠다고 한다.

한편, 지도자의 자질의 중요성도 여러 측면에서 논의될 수 있다.

첫째, 열정이다. 미래에 대한 비전이 중시되는 까닭은 『잠언(箴言)』에서처럼 "비전이 없는 곳에선 백성이 망한다(Where there is no vision, the people perish)."는 이유 때문이다. 장래에 대한 비전 없이 열정감이 우러나올 수 없다. 『적과 흑』의 저자 스탕달은 "위대한 열정은 모든 것을 능히 이길 수 있다. 어떤 사람이든 오로지 강렬하게 견지하고, 게으르지 않게 추구하면 목적에 도달할 수 있을 것이다."라고 했다.

미국의 초대 대통령 조지 워싱턴은 일찍이 토지 측량사였으며, 링컨(A. Lincoln)은 옷 공장의 노동자, 상점점원, 우편배달부였으며, 닉슨(R. Nixon)은 일찍이 워싱턴의 물가관리국의 타이어 배급처에서 일한 적이 있었다. 가나의 엔크루마(K. Nkruma) 대통령은 초등학교 선생이었고, 한때는 비누공장에서 동물들의 부패한 내장을 옮기는 일을 했으며, 인도네시아의 수카르노(Sukarno) 대통령은 시골 학교의 교장을 지냈다. 프랑스의 퐁피두(Pompidou) 대통령도 중학교 선생을 지냈으며, 세네갈 공화국의 초대 대통령 생고르(Senghor)는 프랑스의 한 중학교에서 교사 생활을 지냈다.

링컨이 미시시피 강 연변의 농장에서 농산품을 뉴올리언스로 운송할 때나, 엔크루마가 운송회사의 배 위에서 무미건조하게 병이나 깡통을 닦았을 때나, 수카르노가 인도네시아의 초등학교 장학관이었을 때, 아데나워(K. Adenauer) 전 독일 수상이 자신의 친구들은 대학에 입학하였지만 자신은 돈이 없어 대학에 입학하지 못하고 은행에서 사환으로 있었을 때, 다나카 가꾸에이(田中角榮) 전 일본 수상이 자전거를 타고 유리로 만든 과일쟁반을 배달할 때 등등이 대개는 이러한 모든 일들을 자신이 후에 지도자로서 열정을 담당하기 위한 준비작업으로 생각하지는 않았을 것이다. 그러나 그들은 자신이 당면한 힘든 일에 한결같은 열정을 가지고 임하였고 그 결과 성공적인 정치가로서 입신하였다.

둘째, 소통이다. 용인에 실패하면 간웅(奸雄)들만 우글거리게 된다. 용인은 적시(適時)와 적재(適材)의 합이다. 항우(項羽)가 자멸하게 된 원인은 사람을 부리는 방법이 대단히 서툴렀다는 점에 있었다. 항우가 유방과의 싸움에서 질 수밖에 없었던 다른 이유는, 부하의 마음뿐 아니라 일반 백성의 인심을 얻는 데 실패했기 때문이다. 그의 성격이 너무나도 포악하고 직선적이었던 것이 패인(敗因)이었다. 용인은 군주의 도, 행사(行事)는 신하의 도이다. 이는 제왕학의 핵심이다. 당 태종의 '정관의 치'는 군주의 도를 착실하게 실행한 경륜이자 지침이다. 당 태종은 위징의 조언과 직간을 경청하여 군신 간의 소통에서의 모범이었다. 그러나 유방과 항우의 경우는 용인의 결과가 승패를 결정짓는 주요인이 되었다.

훌륭하고 성숙한 지도자는 모든 일에 능통한 사람이 아

니라 주변을 두루 살피며 주위의 말에 귀를 기울이는 사람이다. 이러한 사람이 되려면 귀에 거슬리는 말들도 잘 받아들여야 한다. 또한 겸손하려면 가슴이 넓어야 한다. 중국의 덩샤오핑은 "지도자는 멀리 내다보고 넓은 가슴을 가져야 한다. 어떤 상황에서든 개인의 명예나 진퇴, 영욕에 대해 연연하지 않고 초탈할 수 있어야 한다."고 갈파한 바 있다. 영웅을 필요로 하는 시대는 그만큼 불행하고 엄중한 때이다. 그런데 자칭 지도자로 나서려는 자들의 모습은 시대성을 인식하거나 불행한 현실을 개척하려기보다는 오직 권력 장악에만 초조감을 드러내고 있다.

소통은 적을 동료로 만들기도 하고, 험난한 길을 평탄하게 만들기도 하며, 첩첩산중을 화사한 봄날처럼 만들기도 한다. 이처럼 매력적인 일이라면 마땅히 끊임없이 해야 하지 않을까. 지도자는 "모든 사람에게는 자신의 필요를 충족시킬 동등한 권리가 있다."는 것을 인정함으로써 쌍방 의사교환이 가능해진다. 실제로 소통은 서로에게 큰 이익을 가져다준다. 사실 대부분의 충돌은 자신이 원하는 것을 상대에게 전달하지 못해 발생한다. 그런 탓에 서로의 해결방법 역시 자신만의 필요만 충족시키는 반쪽짜리에 머물게 된다.

양쪽을 동시에 만족시키지 못하는 해결책은 결국 또 다른 충돌을 낳게 된다. 따라서 서로 받아들일 수 있는 해결방안을 찾는 데 있어 소통의 지혜는 문제 해결의 첫 단추가 되기도 한다.

제왕학의 원전인 『정관정요』에 "명군(名君)이 명군인 까닭은, 널리 신하의 의견에 귀를 기울이기 때문이다. 암군(暗君)이 암군일 수밖에 없는 까닭은, 군주의 비위나 맞추려는 신하의 말만 믿기 때문이다."고 했다. '맹구지환' 고사가 바로 그것을 가르치고 있다. 유방은 부하들의 진언(進言)에 기쁜 마음으로 귀를 기울였으며, 대부분의 경우, 지체하지 않고 그것을 실행에 옮겼다. 진언한 쪽에서는 소통의 기회를 얻었다. 그들은 온힘을 쏟아 유방을 도왔다. 『전국책』에서 "선비는 자신을 알아주는 사람을 위해 목숨을 바친다(士爲知我者死)."는 말처럼 그들이 유방을 위해 지혜를 짜내고 애를 쓴 것도 소통의 중요성이 주효했던 것이 틀림없다.

셋째, 통합이다. 통합의 리더십을 발휘한 현대의 상징적 인물은 남아프리카공화국 대통령을 지낸 넬슨 만델라(N. Mandela)이다. 이 나라는 소수의 백인과 다수의 흑인으로 구성되어 있었고, 소수의 백인이 다수의 흑인을 지배했는데,

아파르트헤이트(Apartheid) 법은 피부색과 언어에 따라 사람을 구분하고 차별해 흑인들의 인권을 짓밟는 악법 구실을 했다. 극심한 인종차별 사회에서 흑인들은 시민으로서의 정치적 참정권은 고사하고 기본 인권도 보장받지 못했다. 이에 만델라는 흑인들의 자유와 권리를 위해 아프리카민족회의(ANC, African National Congress)를 결성해서 싸웠다. 그 결과 그는 27년을 감옥에서 보내고 석방된 이후 분노, 원한, 증오 대신에 오히려 흑인과 백인의 화해를 외치면서 '회복적 사법(Restorative Justice)' 정신을 실천하는데 크게 기여했다.

넷째, 자강불식(自强不息)과 자기성찰이다. 공자는 스스로 도덕을 수양하는 방법으로 '자성(自省)'을 강조하며 다음과 같은 말을 남겼다. "어진 이를 보면 그와 같이 되기를 생각하고, 어질지 못한 사람을 보면 나 자신을 살펴 반성하라." 주희 역시 "날마다 자신을 반성해 잘못이 있으면 고치고 없으면 더욱 분발하라."는 것을 강조함으로써 자신을 수양하고 반성하는 노력이 얼마나 중요한지를 일러주었다. 국궁진력(鞠躬盡力)의 표상으로서, 승상으로서 제갈공명의 빼어난 점을 살펴보면, 첫째, 잔일도 소홀히 하지 않을 만큼 정무에 힘을 쏟았다. 둘째, 신상필벌(信賞必罰)의 매우 엄한 정치를 폈다. 셋째, 공평무사하여 사심이 없었다. 넷째, 일상 생활은 더없이 검소했다고 한다.

우리 민족 최고의 지도자 세종대왕은 매년 한국의 위대한 인물을 선정할 때마다 첫째 아니면 둘째로 반드시 손꼽힌다. 우리 민족의 얼과 정신을 우리의 문화와 역사 전반에 걸쳐 뛰어난 형태로 구축한 인류 최초의 창조 문자인 한글이 없었더라면 지금의 한민족과 문화가 존재할 수 있었을까? 한글을 창제한 그의 비전은 백성들을 불쌍히 여겨 그들이 편하게 사용할 수 있는 문자를 만드는 것이었다. 엄격한 권위주의자였던 부친 태종(太宗)의 압도적인 영향력 아래에서, 권력 투쟁과 갈등을 겪으며 오직 성군(聖君)이 되리라는 일념으로 학업을 닦아 '백성을 위한 임금'으로서 그의 비전을 실현하였다.

새로운 시대의 지도자라면 더욱 자신을 반성하고 잘못을 살펴 지나친 욕망을 자제하고 작은 잘못이 큰 잘못으로 되는 것을 피해야 한다. 이런 자성은 배움에서 시작해야 한다. '수불석권(手不釋卷)'이라는 표현은 지도자의 입장에서 배우는 것이 대단히 중요함을 일러준다. 그래야만 올바른 방향과 원칙, 기본을 지킬 수 있기 때문이다. 배움은 기회를 제공할 뿐만 아니라 능력 부족의 문제도 해결해준다. 지도자는 배움을 통해 항상 스스로를 반성하며 자신의 원칙을 견지해야 한다. 다스림에 있어 잘못을 줄이고, 고상한 성품을 키울 수 있으며, 간신(奸臣)들의 농간과 유혹을 꿋꿋이 이겨낼 수 있다.

오늘날 급격한 과학기술의 발달과 끊임없는 새로운 지식의 등장으로 경제가 급속도로 발달하면서 새로운 상황과 문제와 모순 등이 속속 나타나고 있다. 이러한 상황은 항상 익숙하지 않고 이해하기도 어려운 문제를 제기한다. 이에 대처할 능력이 부족하다면 지도자로서 자질은 평가절하 되기 마련이다. 따라서 지도자는 매사에 대비하여 정치적 성공을 거둔 뒤에도 부지런히 공부하는 '자강불식'의 자세를 지켜 나가야 한다. 말(馬) 등에서 집권했다면 말에서 내려 수성하는데 '국궁진력' 해야 한다. 지도자가 해야 할 일은 일어나고 있는 현안뿐만이 아니라 새로 등장하고 대두하는 국내외의 제반 문제에 자신을 가지고 접근할 수 있는 역량을 마땅히 갖추어야 한다. 만일 스스로의 역량에 한계가 있다면 훌륭한 인재가 모여들도록 용인술을 발휘해야 하는 사명을 다해야 한다.

다섯째, 상(賞)과 벌(罰)이다. 한비자(韓非子)는 "상과 벌은 두 개의 칼자루다. 군주라면 이 둘을 잘 사용할 줄 알아야 한다."고 했다. 율리우스 카이사르(J. Caesar)는 상과 벌을 주는 자신만의 방식이 있었다. 그는 가능한 한 병사들에게 상은 많이 주되 벌은 적게 주려고 노력했다. 카이사르는 전쟁에서 승리를 거두려면 반드시 병사들의 사기가 높아야 한다고 믿었는데 병사들의 사기를 높이는 방법이 바로 상을 내리는 것이었다. 그는 원정을 나서기 전, 항상 거액의 포상금을 약속하며 장병들이 용감하게 적과 맞서 싸울 수 있도록 격려했고, 실제로 전투에서 승리하면 자신의 약속을 즉시 실천했다. 본래 그는 평소에도 병사들에게 보급품을 충분히 공급했으며 부하들의 복리에도 많은 관심을 기울였다. 제갈량의 경우, '울면서 마속을 베었다(泣斬馬謖)'는 고사로도 알 수 있듯이, 믿음 즉 신(信)을 더없이 중시하는 가운데 신상필벌의 엄격한 태도로 부하를 대하였다. 조조 역시 '보리밭을 망치지 말라.'는 명을 어기고 자신이 탄 말이 보리밭 속으로 뛰어들자 검을 빼들어 자신의 머리카락을 자진해서 잘랐다. 지도자의 관점에서 공적(功績)이 있으면, 그것이 집단의 힘에 의한 것인지 아니면 개인의 뛰어난 능력에 의한 것인지 분명히 판단하는 것이 중요하다. 이는 다른 뜻으로 평균주의·획일주의·일률주의에 대한 경계를 의미하는 것이기도 하다.

여섯째, 원칙 중시이다. 책임감이 강한 지도자는 실천적 원칙을 중시한다. 실천은 단순한 생각에서 나오는 것이 아니라 행위 및 결정의 결과가 가져올 것에 대하여 책임질 준비를 하는 데서 비롯되기 때문이다. 유명한 세계적인 지도자들도 대부분 원칙을 준수하는 지도자들이었다. 1980년대 영국병을 치유하고 시장경제의 활력을 살려 경제 재도약의 발판을 마련한 대처(M. Thatcher) 전 수상은 강인한 원칙의 리더십을 발휘했다. 여성 지도자에 대한 우려를 한꺼번에 날려버리고 '철의 여인'이라는 별명을 얻게 되었다. 나라 안으로는 경제위기를 극복하고, 나라 밖에서는 아르헨티나와의 전쟁을 승리로 이끌었다.

미국에는 레이건(R. Reagan) 대통령이 있었다. 그 또한 철저한 원칙의 리더십을 발휘한 인물이었다. 공산주의를 '역사의 악'이라 명명하고 소련의 공산주의 체제를 무너뜨리기 위해 노력했다. 그리하여 1989년 11월 9일, 20세기 냉전의 상징이었던 베를린 장벽이 무너지고 동독과 서독이 통일을 이루는 과정에서 큰 역할을 담당하였다. 제2차 세계대전 이후 자유진영과 공산진영으로 대결을 펼쳤던 세계는 그의 시대에서 마감하게 되었다. 그 다음 해에는 냉전의 한 축인 소련이 해체되었다. 이 경천동지(驚天動地) 할 새로운 드라마를 이끈 주역이 바로 레이건 대통령이었다.

원칙을 지키는 리더십은 한국의 선비정신에서도 크게 두드러진다. 선비의 의리와 지조, 충성을 지키기 위한 절개, 근본을 지키고자 하는 정통주의, 가난하더라도 도덕과 양심을 지키고자 하는 정신이 다름 아닌 선비정신이자 원칙을 지키는 리더십이다. 선비정신은 한국인의 의식을 구성하는 중요한 특징 중 하나다. 어떤 학자들은 한국의 전통문화의 본질은 선비정신이라고 갈파하기도 했다. 선비는 어질고 지식이 있는 사람을 뜻했다. 인품과 학식을 갖춘 선비는 바로 유교의 이념을 실천하는 학자들을 지칭했다. 그래서 선비는 벼슬길에 나서 관직을 맡은 사람들과 분리해 인격적인 측면이 강조되었다. 즉 선비는 신분적인 개념이기보다 인격의 개념이었다.

우리의 선비정신은 한마디로 공동체의 도덕을 지켜나가는 원칙주의라고 규정할 수 있다. 사회에 대한 책임과 행동을 다하는 노블레스 오블리주 정신이다. 제임스 번스(James M. Burns)는 "지도자는 권력을 거래하는 상인과 같은 사람이 아니라 사람들의 마음속에 깊이 파고드는 원칙과 가치를 만드는 사람이다."라고 말했다. 우리는 역사에서 기회주의적으로 처신해 성공한 인물보다는 원칙을 지키면서 죽음도 불사했던 인물들을 더 존경한다. 이를테면 조선 건국의 주역인 정도전(鄭道傳)보다는 고려의 마지막 충신인 정몽주(鄭夢周)를 더 존경하는 까닭이 여기에 있다. 이와 비슷한 사례로서 단종애사(端宗哀史)가 있다. 조선 제7대 왕 세조(世祖)는 조카인 단종을 몰아내 왕권을 장악하고 자신을 반대하는 학자와 선비들을 죽음으로 내몰았다. 정통성이 없는 세조의 등극을 반대하며 끝까지 단종에 대한 지조를 지키며 죽어간 사육신(死六臣)을 본받아야 할 인물들로 존경하고 있다. 반면에 선왕인 문종(文宗)의 유지를 배신하고 기회주의적으로 처신한 신숙주(申叔舟), 정인지(鄭麟趾)는 배신의 대명사로 비난의 대상으로 평가받고 있다.

영국에는 신사도(紳士道)가 있다. 신사도를 영어로는 젠틀맨십(gentlemanship)이라고 한다. 영국의 중소도시에 거주하는 중간계층이었던 젠틀맨들이 지켜온 정신을 일컫는다. 신사도는 결투에서 공정한 규칙을 지키고, 생활에서는 여성과 약자를 돌보고, 사회질서를 유지하기 위해 솔선수범하며, 전쟁이나 위기 때에는 자기희생을 감수하는 정신으로 요약할 수 있다. 이런 젠틀맨 정신을 기반으로 영국은 높은 질서의식을 유지하고, 세계적으로 수준 있는 문화를 형성하게 되었다. 물론 제국주의 시대 영국이 식민지를 얻기 위한 과정에서의 반문명적 행위는 분명히 기억해야 할 대목이다.

미국에서 가장 훌륭한 대통령으로 평가받고 있는 링컨 대통령도 원칙을 준수한 지도자였다. 그는 일찍부터 "법을 지키자. 무슨 일이 일어나도 법은 지켜야 한다."고 주장했다. 남북전쟁도 남부의 여러 주들이 미국 헌법을 무시하고 연방에서 탈퇴하려고 했기 때문에 불가피했다. 링컨에게 남부는 미국 연방을 와해시키려는 반란세력이었다. 그래서 미국인들은 링컨을 노예 해방을 선언하고 실천한 인권주의자보다는 남북의 분열을 막은 통합의 대통령으로 평가하고 있다.

일곱째, 정세 판단력과 추진력이다. 대통령의 행동거지는 국민의 주목 대상이다. 이것이 바로 '증폭기'의 표현으로 설명된다. 즉 최고지도자의 겸손, 용기, 과단성, 강직, 국민에 대한 배려, 조국에 대한 충성, 업무에 대한 고도의 책임감 및 심오하고 넓은 지식과 지혜는 모두 국민에게 행복을 가져다준다. 반대로 지도자의 경거망동, 나약함, 흐리멍덩함, 편협, 의심이 많고, 냉혹하거나 변덕이 죽 끓듯 하는 것은 왕왕 국가와 국민에게 재난을 초래하게 한다.

보통사람과 비교해 볼 때, 지도자는 광범한 정책 결정권을 가지고 있기 때문에 그는 언제나 확실한 자신의 행동목표와 판단력을 갖춰야만 한다. 강력한 의지의 중요 요소는 완강함이다. 완강함은 바로 어떤 사람이 흔들림 없이 자신을 견지하여 각종의 어려움을 극복하고 어떤 목적을 실현하는 능력을 가리킨다. 성공한 정치가가 되기를 희망하는 사람에게 반드시 준수해야 할 '철칙'이 하나 있다면 그것은 '승리할 때까지 자기의 주장을 관철'하는 것이다. 정치가는 반드시 매일 자기의 자신감에 대해 시험을 해야만 한다. 정치가에게 있어서는 자신의 주장이 얼마나 견고한지가 그의 성공 여부를 예측하는 바로미터인 셈이다. 일찍이 나폴레옹은 본능적으로 자신의 의지가 모든 것을 압도할 수 있고, 획득하고자 하는 모든 것은 반드시 자신의 것이 되리라고 믿었다고 한다.

영국 수상 체임벌린(N. Chamberlain)은 파시스트 독일이

침략 유혹을 갖도록 하는 유화(宥和)정책을 추진하였고, 결과적으로 제2차 세계대전이 발발한 후 영국도 전쟁에 휘말리게 되었다. 따라서 독일에 대한 영국의 선전포고는 실제로는 체임벌린의 유화정책의 실패를 인정하는 꼴이 되었다. 그러나 전쟁 전에 처칠(W. Churchill)은 체임벌린의 정책에 대해 꾸준히 반대해왔다. 마침내 처칠의 정확한 비판은 여러 차례 사태가 바뀌면서 증명되었으며, 그리하여 처칠은 영국사회 여론의 높은 명망을 얻게 되었다. 영국인들의 눈에 처칠은 파시스트 침략에 반대하는 영국의 상징으로 보였다.

미국 역사상 링컨이 1860년 대통령 선거에서 승리했던 주요 원인은 선거운동에서 전국적인 반노예 정책을 일관하여 주도했던 데 기인한다. '책임을 지고 미지의 새 길을 열어가려 하는가.' 아니면 '위험을 피하려고 선례가 있는 익숙한 길만 찾는가.'로 국론이 갈렸던 당시 링컨은 노예제도 반대론자였던 뷰캐넌(J. Buchanan)을 비롯한 정적들과 격렬한 토론을 벌였으며, 이것으로 그는 전국의 반노예제 지지세력의 영웅으로 부상하게 되었다. 마침내 링컨은 반노예제 정책의 상징으로 대통령에 당선되었다. 그는 일관된 정책을 추진하는 원동력을 가진 인물이었다.

나폴레옹은 일개 포병 소위에서 군대의 최고 통수와 프랑스 제1공화정의 창건자가 되었다. 이것은 그의 과단성 있는 기질과 밀접한 관계가 있었다. 나폴레옹은 결코 직감에 의존하여 일을 하는 사람이 아니었고 심사숙고하여 결정을 하는 사람이었다. 그는 "나는 하나의 일을 하기 전에 3－4개월 전부터 내가 어떻게 해야 하는가에 대한 깊은 고려와 그리고 가장 나쁜 상황에 대해 계산을 해보는 습관이 있다."고 고백했다. 그러나 어떤 일이 일단 결정되면 나폴레옹은 조금도 주저 없이 행동을 하였다.

러시아의 황제 표토르(Peter) 1세도 개혁조치를 추진하면서 역시 강력한 의지를 보여주었다. 제정 러시아에서는 긴 턱수염을 숭배하는 것이 그리스 정교회의 풍습이었고, 수염은 곧 '하느님이 하사한 장식품'이었다. 그러나 표로르 1세는 수염 깎기 운동을 벌여 쌍(Saint), 노마노프스키(Romanovsky) 등 당시 유명한 영주들의 수염을 직접 깎아 버리기도 했다.

대통령의 도덕적 해이(moral hazard)도 주목의 대상에서 제외될 수는 없다. 대통령들이 빠지기 쉬운 위험이나 함정이 있다. 많은 대통령들은 오랜 기간 온갖 어려움을 겪은 후에 대통령 선거에서 승리했던 경우가 많다. 그렇기 때문에 대통령이라는 최고위직에 오르고 나면 자기가 살아오면서 내렸던 수많은 결정이 전부 옳았다는 착각에 빠지게 된다. 그런 착각에 빠지게 되면 그다음부터 다른 사람의 생각이나 판단이 우습게 보이기 시작한다. 그런데 대통령이란 위세 때문에 아무도 제동을 걸지 못한다.

모럴 해저드가 가장 심각했던 경우는 극적인 성공을 이룬 사람들이었다. 이들에게 '결국 내가 맞았고, 내가 옳았다.'는 확신은 어떤 경우에도 양보할 수 없는 정신적 기둥이었다. 모럴 해저드에 빠진 사람들이 가장 많이 저지르는 실수가 인사다. '내가 했던 사람에 대한 평가가 결국 옳았다.'는 생각이, 대통령도 가질 수밖에 없는 사람에 대한 편견을 극대화한다.

우리나라도 이런 모럴 해저드 때문에 잘못되거나 곤란을 겪은 일이 한두 번이 아니다. 한국은 보수정권이 통치하기 쉬운 사회다. 재벌경제라는 든든한 물적 기반, 항상 사회의 다수파를 차지하는 보수, 그들의 이익과 가치를 대변하는 주류 언론, 다용도로 활용할 수 있는 북한이라는 존재는 수월한 통치를 보장한다. 게다가 약한 야당이란 변수도 있었다.

국가위기와 관련하여 의식불감증은 대통령 리더십의 위기를 가져온다. 세월호 사태는 예방하지 못할 참사는 아니었다. 세월호 사건은 기본적으로 인재(人災)였다. 세월호 참사를 비롯한 각종 사태를 효과적으로 다스리지 못한 정부의 무능과 리더십 실종은 계속 되풀이되어 왔던 결과였다. 세월호 소유주에 대하여 일벌백계를 가했더라면 이런 국가적 위기로 확산되는 국면은 발생하지 않았다. 그런데 이와 관련된 정치인들이나 모리배들이 세월호 소유주를 비호해 준 후과가 바로 오늘날 박근혜 대통령의 탄핵을 초래한 단초를 제공했고, 대한민국의 비실거리는 모습이 국제사회에서 조롱의 대상이 되었다는 엄연한 사실을 어떻게 지울 수가 있는지는 감히 예견하기 어렵다. 이런 사태를 겪으면서도 청와대와 여야 정치인들은 서로 치고받는 '이전투구(泥田鬪狗)' 식의 정쟁에만 몰두해 왔다. 이것이 저간의 대한민국 정치의 수준이다.

우리는 세월호 참사와 관련해서 무수한 악마를 다시 보았다. 우리가 의식하지 못했을 뿐 우리 곁에 늘 존재하던 무능, 무사안일, 이기주의, 탐욕 등이 무시무시한 악마의 모습으로 나타났던 것이다. 세월호 선장이나 선원들은 애초부터 승객을 먼저 구해야 한다는 생각이 없었기에 도망쳤다. 정부는 갈팡질팡했고 그 순간 사태를 해결할 수 있는 리더십도 보이지 않았다. 해경은 수백 명의 승객이 갇혀 있는데도 배 안으로 뛰어들지 못했다. 결국 속수무책으로 세월호의 침몰을 지켜볼 수밖에 없었다. 당시 정부가 내놓은 세월호 대책의 핵심은 우리 사회에 오랫동안 만연한 적폐 척결이었다. 그중에서도 관료 조직의 개혁을 맨 앞에 내세웠다. 그러나 관료 사회의 고질들은 조금도 고쳐지지 않았다. 오히려 관료 조직은 공무원연금 개혁 논란을 거치면서 이익집단으로 뒤바뀌기까지 했다. '관피아'의 위세도 여전하다. 정부가 말한 관료 개혁은 문제의 근본은 손도 대지 못한 채 세월호 초기 대응에 실패한 해경을 없애버리는 즉흥적인 수준에서 벗어나지 못했다. 이것이 이 나라 정치와 리더십의 수준이다. '세월호 속의 악마들'이나 '내 안의 또 다른 최순실'이 우리 모두의 곁을 떠나지 않고 계속 머물 수 있었던 것은 일차적으로 바로 이런 한심하고 무능하며 도덕감은 커녕 형편없는 자질을 가진 정치 지도자들 때문이다.

지도자가 귀를 막으면 측근이 발호하게 마련이고, 그래서 수성(守城)에 실패한다. 공성(攻城)과 수성은 달라야 한다. 칼을 쓴 후(도전에 성공한 후)에는 칼집에 잘 보관해야 한다. 지도자는 등극 이후 개인이 아닌 공인으로서 행동해야 한다. '맹구지환(猛狗之患)'이라는 말이 있다. 사나운 개 때문에 술집에 손님이 끊어진다는 뜻으로 지도자가 측근을 잘못두면 실정한다는 의미이다. 한 마리의 사나운 개가 나라를 망칠 수 있으니 그만큼 좋은 인재를 쓰는 데는 지도자의 용인술이 중요하다는 것을 깨우쳐 주고 있다.

고 김수환(金壽煥) 추기경이 "정치인은 정의와 진실을 말하는 사람이 아니라 정의와 진실을 지키고 실천하는 사람이어야 한다."고 갈파했던 데서 소극적 의미에서의 법의 지배와 적극적 의미에서의 양심의 지배를 확인할 수 있다.

4장

경제위기의 극복

경제부문에서 상위 1%의 방치는 국가적 불행을 가져다 줄 것이다. 2011년 "월가를 점령하자(Occupy the Wall Street)"라는 미국에서의 시위는 미국 인구의 1%가 미국 부의 대부분을 차지하고, 99%가 가난하게 된 빈부의 양극화 현상 때문에 일어난 것이었다.

세계경제포럼(WEF)은 그동안 '부자만을 위한 자본주의 밀실 운영자'라고 비판 받아오기는 했지만 지난 2012년에 불평등을 세계가 당면한 주요 과제 중 하나로 꼽았다. 국제시민단체 옥스팜(Oxfam)은 2014년 다보스에서 발표한 '불평등 보고서'에서 "세계 최상위 부자 85명이 소유한 부가 하위 35억 명이 가진 것과 같다."고 발표해 세계적인 충격과 절망감을 안겨주었다. 옥스팜은 이듬해 세계 상위 20%가 세계 부의 90%를 독점했으며, 2016년에는 상위 1%의 재산이 나머지 99%의 소유보다 많아질 것으로 예상한 바 있다.

이러한 빈부격차의 세계적 현상과 더불어 국내 경제도 심각한 상태에 처해 있다. 전문가들이 전하는 국내 경제의 사정은 더 걱정스럽다. 경제담당 고위 관리들이 단 몇 년 만이라도 5% 성장을 해봤으면 원이 없겠다고 했다면 저성장의 심각성을 알만하다. 공장 자동화와 경제 세계화로 성장 목표치를 달성한다 해서 곧장 일자리가 늘어난다는 보장이 없다 보니 청년구직자들을 달랠 말조차 내기 힘든 상황이다. 평균수명 90세를 눈앞에 두고 있는 노년의 처지도 막막하다. 소득 최하위 10% 계층의 10명 중 8명이 소득 없는 60세 이상의 가구주(家口主)라고 한다. 상위 10% 소득 집중도는 이미 영국·일본·프랑스를 넘어섰고 가속도가 붙어 머지않아 양극화가 가장 심한 미국을 앞지를 것이라는 비관론이 대세라고 한다. 판을 바꾸고 틀을 새로 짜야만 한다는 슬픈 이야기가 아닐 수 없다.

남은 배 열두 척으로 경제 위기 돌파

이순신 장군이 420년 전 "신에게 아직 열두 척의 배가 있으니(尙有十二) 죽을힘을 다해 싸우면 이길 수 있다."고 했던 그 정유년의 각오를 하지 않으면 안 될 지금의 한국 경제는 위기국면에 처해 있다.

한국은행이 최근까지 4년 연속 2%대 성장이라는 초유의 저성장을 예고했을 만큼 버겁다. 저성장이 굳어지면 '일본의 잃어버린 20년'과 같은 수렁에 빠진다. 1200조 원을 넘어서고 있는 가계부채 뇌관과 부실기업 정리에 따른 대규모 실업사태 등 닥칠 위기는 수두룩하다. 현재 상황은 외환 위기나 금융위기 때보다 악성이라고 한다.

정치 여건은 절망적이다. 집권 여당인 새누리당은 내분에 휩싸여 경제를 돌볼 능력을 상실했다. 제1당인 민주당은 경제가 나락으로 떨어지는데, '빅 배스'의 유혹에 빠진 듯하다. 빅 배스(Big Bath)는 목욕으로 때를 씻어낸다는 뜻으로, 경영진 교체기에 모든 부실을 털어내 실적 부진의 책임을 전임자에게 떠넘기고 이후 열매는 자신이 챙기는 전략이다. 하지만 매에는 장사(壯士)가 없다. 큰 매를 계속해서 맞아 쓰러지면 경제는 일어날 수 없고, 만신창이가 된 경제의 짐은 차기 정부가 고스란히 짊어질 것이라는 진단을 외면해서는 안 된다.

위기는 퍼펙트 스톰(동시다발적 대재앙)으로 다가오는데, 대선을 앞둔 우리 정치권 자세는 뜨거워지는 냄비 속 개구리처럼 대응이 굼뜨다. 선심성 공약만 남발하며 포퓰리즘(대중영합주의) 선전만 요란한 채 시간을 끌다가는 개구리가 배를 뒤집고 죽을지 모른다. 국정이 표류하는 데도 눈앞의 대권욕과 집권욕만 가득할 뿐이다. 더 늦지 않게 여·야·정 협의체를 책임 있는 대표급으로 격상하고 경제 살리기에 한목소리를 내야 한다. 겨우 남은 배 열두 척이라도 끌고서 위기를 넘기려면 능력과 지혜를 모아야 한다.

최근 우리나라 가계부채의 현황은 증가세가 확대일로이다. 가계부채 총량은 2013년 3분기 이후 계속 증가 추세이고 2015년 4분기 말에는 1,207조 원을 기록하고 있다. 가계부채를 종류별로 살펴보면 주택담보대출 비중이 가장 크고, 기타 대출(신용대출 등), 판매신용 순으로 나타나고 있다. 더 큰 문제는 부채증가의 악순환이 우려되고 있다는 것이다.

50대 이상 연령층의 준비되지 않은 자영업 진출 및 취약한 소득기반 지속은 가계대출 부실 가능성을 증대시키고 가계부채 증가의 악순환을 초래할 수 있다. 특히, 50대 이상 자영업자의 월평균 수입은 100만원 미만인 경우가 44.7%를 차지하는 등 열악한 수준이다. 고용불안 및 조기퇴직으로 인한 50대 이상의 준비되지 않은 생계형 창업은 사업실패 및 폐업으로 이어져 이들의 채무상환 여력을 더욱더 악화시키고 소득부진으로 인한 대출을 증가시키는 등 부채의 악순환을 초래할 수 있다.

우리나라의 대기업 중심 경제구조는 이제 분명히 변해야 할 시점에 있다. 스마트폰 경우, 사용자는 과거 피처폰을 쓸 때와는 다른 방식으로 요금을 낸다. 월 5만 1000원, 6만 9000원 등 정해진 요금을 내기로 미리 통신 회사와 계약을 맺고 이에 맞춰 음성과 문자, 데이터 사용량을 조절한다. 하지만 미리 정한 요금에 딱 맞춰 자신의 통신 서비스 용량을 모두 사용하는 소비자는 거의 없다. 조금만 서비스 용량을 초과해도 요금 폭탄을 맞을 수 있다. 사용한 만큼만 요금을 냈던 피처폰과 비교하면 현재의 스마트폰 요금제는 통신 회사에 매우 유리하고 소비자에겐 아주 불리하다. 통신 회사가 서비스를 제공하지 않고도 챙겨가는 막대한 수익은 명백한 부당이득이다. 통신 요금이 이렇게 바뀐 것은 이전 미래창조과학부가 인가했기 때문이다. 소비자보다 대형 통신사에 유리하게 요금 정책을 시행한 결과의 전형이다.

국산 대표 중형차 LF쏘나타는 배기량 2000cc급 가격이 2255만~3190만 원이다. 직전 차종인 YF쏘나타와 비교하면 모델별로 263만~340만 원 비싸다. 현대차는 쏘나타 신차를 출시할 때마다 가격을 수백만 원씩 인상했다. 그랜저, 제네시스 등 다른 차도 마찬가지다. 현대차가 가격을 큰 폭으로 인상할 수 있는 것은 1998년 정부가 현대차의 기아차 인수를 허용하면서 국내 자동차 시장의 70% 안팎을 차지하는 절대 강자로 등장했기 때문이다. 당시 현대차가 기아차를 인수하면 명백한 독과점 기업이 되어 반드시 차 값을 올리고 협력 업체의 부품 납품 단가를 후려칠 것이라는 우려가 컸지만, 당시 정부는 귀 기울이지 않았다. 결국 정부가 큰 폭의 자동차 가격 인상을 허용한 셈이다.

정부가 40년 넘게 추진해온 대기업 중심 경제정책이 한계에 이르러 부작용이 커지고 있다. 과거 한국 경제는 정부가 중화학 업종의 대기업을 육성하면서 빠르게 성장했다. 대기업의 급속한 성장은 관련 중소기업을 동반하고 많은 일자리를 제공해 중산층을 확대했다. 하지만 글로벌 경쟁이 치열해지면서 대기업의 성장은 눈에 띄게 둔화되기 시작했다. 이에 따라 많은 대기업들은 상시 구조조정으로 고용을 줄이는 한편, 중소 협력 업체의 납품 단가를 과도하게 깎으며, 공장을 해외로 이전하는 패턴을 취해 왔다. 과거 대기업 성장 과정에서 발생하던 낙수(落水) 효과는 거의 사라졌다는 것이 정설이다. 그럼에도 우리들의 정부는 과거의 성공 방식에 사로잡혀 대기업 중심의 경제정책을 고집하고 있다. 지난해 여름 불볕더위로 실체가 드러난 '전기요금 누진제'는 대기업 중심 정책의 극치를 보여준 것 외에 아무것도 아니었다. 정부는 가성용 전기에는 누진제를 적용해 '폭탄 요금'을 부과하면서도 산업용에 대해서는 가정용보다 저렴한 요금을 책정했다. 폭스바겐 자동차 배출 가스 조작과 옥시 가습기 살균제 사망 사건은 한국에서는 대기업의 잘못으로 해서 소비자가 사망 등 치명적인 피해를 입더라도 보상을 제대로 받을 수 없다는 우리나라 경제정책의 허점, 맹점, 모순, 구조적 문제를 확인시켜 주었던 사례이다. 세계 수출 규모 6

위, 경제 규모 11위인 한국 경제에서 중심축 역할을 하는 대기업은 세계적인 관심사다. 대기업은 우리나라 수출의 3분의 2를 담당하고 있다. 한국2만기업연구소 보고서에 따르면, 한국에서는 기업의 매출 현황이 '4-70' 산업구조를 보여주고 있다. 즉 상위 4%가 매출 70%를 점하고 있다. 이 가운데 삼성전자 비중이 7.1%로서 하위 기업 70%의 매출과 맞먹는다고 한다. 삼성전자 매출은 135조 원이다. 국내 1만 개 기업 중 매출 규모가 가장 크다. 삼성전자 매출은 1만 개 기업 전체 매출액(1910조 원) 중 7.1%를 차지한다. 단순 매출 수치만 놓고 보면 설령 삼성전자가 무너진다 해도 한국경제는 침몰하지 않을 만큼 이제 약골(弱骨)에서 벗어난 것처럼 보인다. 하지만 삼성전자가 사라질 경우 국내 실물 경제에 미치는 충격파는 예상보다 클 것으로 분석됐다. 삼성전자 매출이 국내 1만 개 기업 중 하위권 기업들 6830곳의 매출 합계와 맞먹기 때문이다. 또한 300조 원이 넘는 국내 전자 산업도 최소 50% 넘게 쪼그라들 수 있다. 삼성전자가 작년 매출 기준보다 올해 10%만 하락해도 국내 1만 개 기업 중 120억 원 이하의 중소기업 2400곳이 없어지는 것과 같은 것으로 나타났다.

대기업에 지나치게 편중했던 경제정책은 대기업과 소비자, 대기업과 중소기업의 양극화를 초래했다. 그 결과 대다수 소비자에게는 가처분소득이 줄어드는 고생을 면치 못하게 만들었고, 내수 경기도 장기 침체를 겪고 있다. 이제 정부는 대기업에 심하게 기운 정책의 추(錘)를 소비자와 중소기업 쪽으로 옮겨 균형을 맞춰야 한다. 그때그때마다 땜질형의 한두 가지 소비자 보호책이나 중소기업 진흥책으로 될 일이 아니다. 대기업에 치우친 정책을 통째로 바꿔서 소비가 살아나고 경제가 활력을 되찾을 수 있다는 주장을 경청하고 실천에 옮길 계제(階梯)가 되었다.

관치·재벌 독식 청산이 경제민주화다

대기업에 의존하는 경제 구조를 개혁하고 정경유착의 뿌리를 뽑아야 한다. 대기업도 지배구조 투명성을 높이고, 기술혁신과 사회적 책임을 다해야 할 때이다. 대기업뿐 아니라 경제 전반에서 문제가 되는 부분을 함께 꾸준히 고쳐 나가는 경제 개혁이 필요하다. 부실기업을 구조조정하고 민간부채를 줄여 경제 위기를 예방해야 한다. 불필요한 기업 규제와 노동·금융·교육 분야의 걸림돌을 제거해 기업이 고용을 늘리고 투자하기 좋은 성장친화적인 환경을 만들어야 한다. 이와 더불어 대기업의 지배력을 줄이고, 생산성이 높은 중소기업과 혁신 벤처들이 새로운 성장 엔진과 고용 창출의 원천으로 클 수 있는 건강한 산업생태계를 만들어 가야 한다. 대기업의 과도한 시장지배력과 불공정 거래는 우수한 중소기업과 벤처의 성장을 막는 요인이다. 미국은 석유 재벌과 AT&T를 강제 분할하는 강력한 독과점 규제와 경쟁 촉진으로 애플·구글·아마존·테슬라 같은 기업이 클 수 있는 환경을 만들었다.

경제민주화란 그동안 자본의 동원과 축적에 중점을 두었던 성장 정책의 첫머리에 노동과 인적 자본의 축적을 배치하는 것이고, 구체적으로 관치 경제와 재벌 독식을 제대로 된 시장경제로 대체하는 것을 말한다.

우리가 현재 상태에서 성장하기 위해서는 상대적으로 희소한 생산요소인 노동 특히 노동의 질을 향상시켜야 한다. 이를 달리 표현하면 인적 자본의 축적이라고 할 수 있다. 그런데 현재 우리의 경제관리 형태인 관치 경제와 재벌 독식 경제에서는 이것을 제대로 이룰 수 없다. 그래서 이 체제를 청산해야 성장할 수 있는데, 이것을 청산하자는 것이 경제민주화이므로 경제민주화가 성장 정책인 것이다.

이를 위해서는 무엇보다 구체적으로 관치 경제와 재벌 체제의 핵심을 개혁해야 한다. 이것을 그대로 둔 채 잘못된 구조에서 파생되는 결과만을 그때그때 치유하는 것은 근본적 처방이 될 수 없다. 첫째, 금융개혁을 통해 '모피아(Mofia: 재무부 출신 인사를 지칭하는 말로 재무부(MOF, Ministry of Finance: 기획재정부와 마피아의 합성어이다)' 존속 여부를 심도 있게 검토해야 한다. '모피아'는 잘못된 관치 경제의 상징으로 정상적인 시장경제의 작동에 기여한 바가 별로 없다. 그런데 금융위를 청산하는 대신 금융부 신설로 '모피아'를 확대 개편하려는 시도가 있다고 한다.

둘째, 연기금의 국내 주식투자 한도를 상향조정하여 재벌의 지배권을 정상화해야 한다. 이번 이재용 사태에서 보듯이 재벌 총수는 돈 안 들이고 지배하려고 혈안이다. 이것을 근본적으로 시정하는 방법은 연기금이 재벌 주식을 더 사들이는 것이다. 예를 들어, 국민연금이 삼성전자 주식을 20% 보유하면 총수의 전횡을 저지할 수 있고, 외국 투기자본의 공격 운운하면서 애국심 마케팅을 할 여지도 없어진다.

셋째, 노동자의 권익을 신장해야 한다. 노동자에게 성장의 과실을 지금보다 더 정상적으로 분배해야 노동자의 인적 자본 축적 여건이 개선된다. 이것은 단순히 성장 촉진뿐만 아니라 단기적인 경기 활성화에도 도움이 된다. 이를 위해 노동자가 추천하는 인사를 적어도 한 명쯤 이사로 위촉하는 노동이사제 도입도 고려해볼 만하다. 이는 기업의 정보가 노동자들에게 투명하게 공개되어 노사교섭이 정상적으로 이루어지도록 만드는 가장 자연스러운 방법이다.

넷째, 초과이익 공유제를 도입해서 낙수효과가 작동하도록 해야 한다. 최상위 원청 기업의 회계정보를 하청기업에 공개하고 그 잉여를 나눌 수 있도록 해야 납품단가 후려치기 유인을 근본적으로 없애고 하청기업도 기술개발을 할 수 있다.

다섯째, 도산제도를 채무자 우호적으로 바꾸어야 한다. 도산제도의 핵심은 채무자를 처벌하는 것이 아니라 채무자를 신속하게 생산현장으로 다시 보내는 것이다. 현재 우리나라는 '모피아'가 이 길목을 틀어잡고 있어 제도가 작동하지 않고 있다.

마지막으로 공정한 시장 경쟁의 여건을 조성해야 한다. 이것이 가능해야 자유와 창의를 기반으로 한 기술개발이 가능하고 새로운 기업이 출현할 수 있다. 골목 상권의 보호 역시 이런 맥락에서 추진해야 한다. 이를 위해서는 중간 금융지주회사 도입 등을 통하여 공정위를 시장 질서의 진정한 수호자로 환골탈태시켜야 한다.

우리가 당면한 경제문제는 세계적·역사적 차원의 문제다. 지금은 저성장·불평등·불안정이 한꺼번에 몰려온 '뉴노멀경제'의 시기다. 새로운 국가능력을 만든다는 높은 이상과 도덕적 가치를 세우고 민심을 결집하는 '변혁적 리더십'이 필요하다. 이를 통해 제4차 산업혁명과 경제민주화의 난제를 함께 풀어가는 동력을 만드는 환경이 조성될 수 있다.

대선 때마다 성장·복지 관련 논쟁이 지루할 정도이지만 경제 자유화 수준이 중국만도 못하다는 자조 섞인 말들이 무수하다. 경제 자유화 없이 복지 늘린 나라의 대부분은 침체의 늪에 빠져있다. 이를 극복하는데 많은 시간과 노력이 요구되고 있다. 그래서 민간의 자율 경쟁을 유도하고 저소득층을 대상으로 하는 사회안전망을 강화해야 한다. 그리고 제4차 산업혁명에 대한 안목 있는 경제정책을 밀도 있게 준비하고 제시해야 한다. 먼저 사회안전망 구축 없이는 최근 심각해지고 있는 수요 부족 문제와 저출산 문제를 해결할 수 없다. 소득 양극화가 진행되면서 저소득층은 돈이 없어서 소비를 못 하고, 고소득층도 하루에 세 끼만 먹기 때문에 아무리 돈이 많아도 소비 확대가 안 된다. 나아가 저소득층은 돈이 생겨도 장래 걱정에 소비를 못 하고 청년들은 결혼을 미루고 출산도 꺼린다. 경제 회생을 위해서는 수요 부진과 저출산 문제를 해결해야 하는데 이는 사회안전망을 제대로 구축하지 않고는 불가능하다.

앞으로 제4차 산업혁명이 진행되면 수요 부진 현상은 더 심해질 것이다. 자동화에 이어 로봇의 등장으로 기업의 생산성은 좋아지지만 물건 팔기는 더 어려워진다. 로봇 때문에 늘어난 실직자만큼 수요가 줄어들기 때문이다. 향후 전개될 '지능혁명'은 지리상의 대발견, 산업혁명, 상업혁명, 금융혁명, 정보혁명 같이 인류의 생활패턴을 대대적으로 바꾼 것보다 더욱 획기적인 형태로 우리에게 다가올 것이다. 여기에는 경제와 부의 중심이 이동하고, 경제활동의 구조는 물론 투자의 대상과 기회 역시 바뀌게 마련이다. 이에 대처

하기 위해서는 인공지능(AI)과 잘 협력하고, 시간을 잘 계획하며, 세계적인 문제와 욕구와 결핍을 통찰할 수 있으며, 인간과 기계 사이의 상호관계성을 원활하게 주도해 나갈 수 있는 인재 양성에 주목하여 대응책을 마련해야 한다.

일자리와 부가가치는 규제 완화와 이를 통한 혁신에서 만들어진다. 경제활동을 더 자유롭게 할 수 있어야 한다는 것이다. 현재 우리나라의 경제 자유화 정도는 공산국가인 중국보다도 못하다. 중국에서 할 수 있는 비즈니스가 우리나라에서는 불가능한 것들이 많다. 어려운 사람들을 사회안전망이 아니라 경쟁을 제한함으로써 보호하려고 하기 때문이다. 그 결과는 어떤가. 사회안전망은 취약하고 규제는 많기 때문에 어려운 사람들이 제대로 보호받지도 못하면서 경제 활력은 떨어지고 힘 있는 기득권만이 혜택을 누리는 나라가 되었다. 최악의 상황이 된 것이다.

경제 자유화와 사회안전망 구축은 과거 개발독재 시기의 경제개발 모델을 탈피하는 출발점이자 새로운 시스템의 기반이다. 기득권과 전투를 해야 이룩할 수 있는 일이다. 선진국 대부분은 이미 오래전부터 해온 일이다. 남들이 하고 있는데 성취하지 못할 목표는 아니다. 능력 있고 올바른 생각을 하는 지도자를 뽑으면 가능하다. 이제는 어려운 사람들은 규제가 아니라 사회안전망으로 보호해주고 무한 경쟁을 시켜야 경제가 다시 도약할 수 있도록 해야 한다. 예를 들어 재벌의 불공정 행위가 있다면 그 행위를 단죄해야지 출자총액규제 등을 통해 재벌의 경제활동 전체를 규제하면 안 된다. 경제활동이 본래부터 자유로워야 한다는 기본 믿음이 있어야 경제는 다시 일어난다. 경제 자유화 없이 복지만 늘린 나라들은 한결같이 경제적으로 쇠퇴했다. 공산주의는 그 극단적인 모습이다. 결국 사회안전망은 구축되어야 하지만 이는 반드시 제대로 된 규제 개혁, 즉 경제 자유화와 함께 추진되어야 한다는 것이다.

후보자들에게 복지와 관련하여 두 가지를 염두에 두고 대선 후보에게 요청해야 한다. 첫째는 복지 확대나 경제 민주화만을 외치는 것만으로는 안 된다. 경제가 살아날 수 없기 때문이다. 경제 자유화도 함께 추진하는 것이 더욱 바람직하다는 점을 지적해야 한다. 여러 규제 완화 대상 중에 특히 의료산업 규제를 완화하겠다는 주장은 타당하다. 지금 가장 경쟁력 있는 학생들이 의대에 가는 이유는 가장 경쟁력을 가질 수 있는 분야가 의료 분야이기 때문이다. 의료산업을 미래 산업으로 육성하려는 대선 후보라면 다른 분야의 규제 완화도 해낼 수 있을 것이다.

둘째는 몇 가지 복지 지출 단가를 올리고 법인세 등 일부 세율 인상으로 복지 문제를 해결하려는 주장은 설득력이 떨어진다. 사회안전망은 그렇게 간단하게 구축될 수 없다. 수요 부족과 저출산 문제를 해결하고 제4차 산업혁명에 제대로 대응하기 위해서는 치밀하고 촘촘하게 설계된 사회안전망을 구축해야 한다. 국민 모두가 어떤 경우에도 기본 생계는 할 수 있게 설계되어야 하기 때문이다. 더욱이 재원 마련은 쉽지 않다. 증세는 저항을 부르고 경제개발비 등 기존의 정부 지출 프로그램을 줄여서 복지 재원을 마련하려 하면 관련 이익단체들이 반발한다. 우리나라의 GDP 대비 사회복지 지출 비율은 2016년 기준으로 10.4%로 35개 OECD 국가 중에서 34위이다. 만약 OECD 평균 수준으로 사회안전망을 구축하려면 조세 부담률도 현재의 19.5% 수준에서 OECD 평균 수준인 26.5% 수준으로 올려야 한다. 복지 재원 조달 문제는 세제와 예산 배정 순위를 근본적으로 개혁하지 않고는 해결할 수 없다. 쉬운 일이 결코 아니다.

17세기까지 영국은 전통적인 농업국가였다. 그러나 제조업부문에서 국가가 앞서서 제도정비를 하기 시작했고, 산업혁명의 기수가 되었다. 그리고 '팍스 브리타니카(Pax Britanica)'를 실현해 나갔다. 우리도 할 수 있는 일이다.

5장

공공부문 개혁

힘없는 일반 시민들이나 직장인들은 정치를 담당하는 소위 엘리트들이나 관료들의 조작에 놀아나는 존재일 수밖에 없다. 국가의 녹(祿)을 먹는 자들이 모든 정책의 결정과정과 집행에서 이처럼 일반 시민들을 배제하는 것은 국가적으로 매우 위험한 현상이다. 정치학에서 자주 언급되는 국가에 의한 시민에 대한 약탈이 바로 이것이다. 조선시대에도 마찬가지였다. 당초에는 사대부들이 임금의 전횡(專橫)을 성리학적 합리주의로 막는 이상주의적인 나라를 운영하려고 했다. 그러나 시대가 흐르면서 당시 정치 엘리트들의 비판정신은 점차 사라지고 집단 충성심만을 강요하고 강제하여 자신들 집단이익만 추구하게 됨으로써 유교적 이상국가의 종말을 재촉하고 말았다. 그들은 초심에서 지키려했던 백성을 위한 정치에 실패했다. 그 까닭은 개인적 및 당파적 권력을 백성의 안녕과 행복보다 더 중요시했기 때문이다. 이런 사회에서 공공적 의미의 개혁은 몇몇 성군(聖君)의 업적과 극소수 충신들의 충절을 담은 전기(傳記)에 실려 있을 뿐이다.

썩은 여의도 물갈이부터 시작하자

대한민국 국회가 국민으로부터 불신을 받는 이면에는 국민의 살림살이와 안녕과 질서 그리고 미래를 위해 싸우는 것이 아니라 각자의 이익만을 위해 싸운다는 비판적 지적이 있다. 우리 국민 일각에서 '국회 무용론'을 거론할 때, 그 본질은 숫자에 있었던 게 아니다. 본뜻은 숫자에 있지 않고 국회의원의 질(質)에 있었다.

선출직이라는 자부심이 자만심으로 둔갑해 자기들만이 곧 '국민의 대표'인 듯 거들먹거리고 자기들을 뽑아준 국민에게는 안중에 없는 듯 군림하고 있다. 국회의원들은 알고 있는 듯하다. 국민 또는 유권자들이 아무리 비난하고 헐뜯어도 선거 때가 오면 다시 나를 찍어줄 수밖에 없다고 여기고 있거나 그렇게 믿고 있다. 이런 사고와 시스템을 고치지 않는 한 국회의 존재감은 회복 불가능이고 국회의원의 질적 향상을 통한 의회민주주의의 제도적 정착은 요원하다. 투표의 중요성을 국민 눈높이 수준에서 일깨워줘야 한다.

자칭하여 무슨 야당 투사라고 세월호 사태에 편승하려는 사람, 무슨 거물이라고 아무 데나 깃발 꽂는 인사, '한 건' 했다고 하루아침에 금배지 다는 사람, 막말과 육두문자 욕지거리 하는 이들이 여의도에 득실거리고 있다. 대한민국 국회는 결국 우리 국민이 고치는 것이고, 국회의원의 질 향상은 국민의 몫이라고 한다면 결론은 간단하다. 이런 인사들을 노상 개탄하면서도 때가 오면 다시 찍어주는 관행적·관습적 투표 행위가 지속되는 한 우리는 삼류 민주주의를 벗어날 수 없다는 점이다. 그런 유권자는 국회의원을 비난할 자격이 없다. 국민은 결국 그 국민의 수준에 맞는 국회를 가질 뿐이다.

안중근 의사는 야성과 지성으로 무장했고 지성을 겸비한 인물로서 세운 뜻을 이루기 위해 자신의 모든 것을 버린대의(大義)의 위인이었으며 보기 드문 영웅이었다. 불행하게도 현 세대의 지도자들은 이전 세대의 희생적 정신과 가치적 유산을 이어받기보다 부모 세대로부터 물려받은 생존기반을 향유하며 점점 작아져 왔다. 그러다 보니 그들은 그 생존기반을 잃을까 두려워해서 패거리 속에서 안주하며 소의적·소리적 자세를 견지하고 있을 뿐이다.

국방의무와 관련하여 대한민국 국회의원들을 들여다 볼 필요가 있다. 싱가포르에서는 병역의무를 마치지 못하면 공무원이 될 수 없다. 18세에 입대, 2년 근무 후 예비군 편입, 매년 40일간 소집근무에 임한다. 영주권을 가진 외국인도 예외는 없다. 여의도 국회는 군대를 기피한 자들의 집합소와 같다고 한다. 군 기피라는 반국가적 뚝심을 자랑이나 하듯 성공해서 승승장구해 온 출세지상주의자들의 도래지와 같다고도 한다.

북한의 무자비한 천안함 피격이나 연평도 포격의 그 화염 속에서도 나라를 지키겠다는 자랑스러운 젊은이들은 누구의 아들들인가? 그런 누란의 위기 속에서도 여전히 난장판을 치고 있는 금배지 단 국회의원 중 여성의원 45명을 뺀

남자 국회의원들의 병역기록을 더 이상 뒤져볼 필요가 있을까? 면제 사유는 더욱 코미디 같다. 각종의 질병이 다 있고, 고관절 습관성 탈구로 엉덩이·허벅지 연결 관절이 습관적으로 빠졌다 들어갔다 하는 사람이 국회 내의 책상과 의자를 깡충깡충 뛰어오르는 유연한 근력의 힘으로 공중부양의 묘기를 보여주기도 했다.

입대 당일 제대하는 별 희한한 군대가 대한민국 군대이기도 하다. 쟁쟁한 금배지들이 여야 가릴 것 없이 가증스럽기만 하다. 여의도 '군 면제 시리즈'에는 면제자와 보충역이 득실득실 차고 넘친다. 군대 가지 않으려고 몇 년 동안 피해 다니다 결국 '장기대기'로 소집면제 받는 게 이 나라이다. 정말 대단하다. 대한민국 기득권층의 노블레스 오블리주는 바퀴만 돌고 움직이지 않는 장난감 같다. 그 실체가 부패·부정·편법·도덕불감증의 극에 이르고 있으니 천안함·연평도 사태를 당하게 되는 것도 약과일까?

연평도에 떨어지는 포탄의 화염 속에서도 끓는 피를 억누르지 못해 휴가를 반납하는 것은 물론 해병대를 자원하는 애국적 청년들이 향후의 지도층이 되는 나라가 되어야 한다. 병원 찾아다니며 고도 근시 진단서 만들고, 어깨라도 일부러 빼서 X레이·MRI 찍어다 제출한 후 군 면제 받는 기회주의자들이 지도층이 되는 나라가 대한민국이 되어서는 절대 안 될 일이다.

노블레스 오블리주가 대세가 되어 도도하게 흘러내리는 대한민국을 건설해야 한다. 6·25 참전 노병들과 70~80대 고령의 힘없고 나약한 노병들에게 기초생활 급 정도의 우대는 해야 한다.

공공부문 개혁문제

공공 개혁은 공기업 개혁 훨씬 이상의 문제이다. 공기업 개혁의 핵심은 경쟁이다. 하지만 한국의 문제는 시장이 제대로 작동하지 않고 온통 독과점 구조라는 점이다. 경쟁시장이 작동하는 구조를 만들어서 공기업을 잘게 쪼개 경영해야 한다. 청년들에게 기회와 희망을 주기 위해서, 민간의 창의와 열정이 들어올 수 있게 하기 위해서이다. 지금까지 공기업 개혁의 본질을 직시하지 못했고 곁가지도 못 잡은 셈이다.

공공기관은 국민이 내는 세금을 어디에 얼마를 사용했

는지를 낱낱이 공개하고 그들의 결정과 행위가 타당한지를 설명할 의무가 있다. 누구에게 공과(功過)가 있는지 그리고 누가 무엇에 대하여 책임을 져야 하는지를 분명히 밝히고, 실책이 있으면 응당한 책임과 제재를 받아야 한다. 이는 현대 민주주의 사회에서 거버넌스(governance)의 핵심이다. 국민의 입장에서 보면 공공성과 효율성이 어느 정도 균형을 못 잡으면 그 정도 서비스를 그 가격에 제공하지 못한다는 것을 누군가는 확실히 설명해줘야 한다. 공공 개혁은 정권의 문제가 아니라 미래를 위한 약속이라는 식으로 접근해야 하는데 그런 얘기는 거의 없다. 제로섬 게임에서 결국 민영화, 즉 주인 찾기 논리로 가다 보면 약자가 손해 보고 가진 자는 우위에 선다는 그동안의 프레임을 아예 벗어날 수 없다.

교육부문 개혁

대한민국의 교육문제가 도마 위에 오른 게 어제 오늘만의 문제는 아니다. 가진 것이라곤 인적 자원밖에 없는 나라에서 좀더 잘 살기 위한 몸부림으로 국가가 나서고 국민이 그 뜻에 따라 '교육보국'을 외치면서 열심히 일한 결과 여기까지 왔다.

한국인처럼 자신들의 역사를 자랑스럽게 여기는 민족도 드물다. 최근 한국사 교과서의 국정·검인정 논란에 대해 사회적 관심이 매우 높은 것도 그 때문이다. 교과서는 미성년 집단인 학생을 대상으로 한 것이므로 교육 목적이 분명해야 하고 그에 합당하게 제작되어야 한다. 교과서는 자유로운 학문의 성과를 집약·정리하여 발간하는 학자들의 개설서와는 다르다. 한국사 교과서는 대한민국의 헌법과 국체(國體)를 기준으로 하여 국민에게 그 역사를 '가르쳐〔教〕' 국민으로 '기른다〔育〕'는 목적에 부합해야 한다. 따라서 교과서 제작 주체와 그 구성원은 민주적 절차로 선임되어야 할 것이다. 교육 목적을 달성하고 학자들 간 이견을 줄이기 위해서는 초등학교부터 고등학교까지 각각 권위 있는 사관(史觀)을 반영해서 교과서의 통일성을 꾀하는 방법이 바람직하다.

시대적 변화와 새로운 사조를 감안하여 교육부만의 국정 역사 교과서만 주장할 필요도 없다고 생각한다. 그러나 전교조 측이나 다른 사회단체 일각에서 강력하게 제기하는 국정 역사 교과서 폐기는 무리한 주장이다. 뿐만 아니라 전교조가 중심이 되어 특정 교과서 선정과정에 정치성 있는 압력과 비교육적 비례(非禮)는 더 이상 방치되거나 허용되어서도 안 될 일이다. 이와 관련하여 '참교육'을 표방하는 전교조가 출범한 이래 일부 회원들의 지나친 열정이 교실의 붕괴라든지 이념편향 교육을 고집하여 많은 학부모들이 우려하고 있는 현실을 개선 시정해 나갈 필요가 있다.

이를 위해서는 몇 가지가 우선되어야 한다. 첫째, 한국사 교과서 국정화 작업에 참여하는 자들은 학회, 출신 학교, 전공, 지역, 연령 등을 초월하여 전문학자들과 함께 교단에서 수업하는 초·중·고 교사들도 동참하여 참여 폭을 넓혀야 한다. 교과서는 4~5년 주기로 다른 연구자들이 수정·보완하여 재집필하는 시스템을 갖추면 불필요한 대립이 없게 될 것이다.

둘째, 국정화 주장은 국사 교육정책과도 관련이 있다. 현재 교과서 분량은 학생들에게 피로감을 줄 정도로 많다는 여론이 지배적이다. 그러므로 교과서 분량을 줄여야 한다. 측정 목표치는 점수대가 아닌 합격 여부만 가리는 수준으로 하고, 그 밖의 시간은 주변국 사정과 세계사 분야에 대한 교육, 예를 들면, 중국의 동북공정(東北工程)이나 일본의 우경화에 대한 수업으로 보완하는 방법도 있을 것이다.

한국사 교과서 국정화를 반대하는 이들의 가장 큰 우려는 1970~80년대처럼 국가권력이 자신들의 목적을 위하여 교과서를 획일화할 것이라는 점이다. 하지만 지금은 그 당시의 정치 현실과 다르다. 오히려 과잉 민주화를 우려할 정도이다. 국민 정서와 시민단체나 SNS 등 통신 매체가 그런 상황의 재발을 결코 방관하지 않을 것이다.

셋째, 입시 위주의 교육제도를 획기적으로 바꾸고, 사교육 제도를 절대적으로 폐지해야 한다. 학부모 측은 가정에서의 인성교육보다 좋은 대학으로의 진학열로 사교육 시장이 살찌는데 일조를 해 왔다. 한국개발연구원은 2015년 사교육비를 30조 원 이상으로 추정하고 있다. 규모를 따로 거론하지 않더라도 이는 자녀들의 장래를 위해서도 마땅히 재고되어야 할 숫자이다. 그리고 이는 국가 경제 발전에 아무런 도움이 되지 않고 있다. 1997년 IMF를 겪으면서 대학의 서열화와 대학의 취업기관화가 심화되어 왔다. 이로 인해 아이들을 유치원 시절부터 사교육 시장으로 몰아넣고 학부모들은 그 물질적 부담과 심리적 불안감만 안고 지내는 형국이 방치되고 있다. 더 큰 문제는 이 때문에 가정불화가 증가하고 있다는 점이다.

넷째, 100세 시대를 맞이할 준비를 해야 한다. 일반적으로 약 20년 정도 배워서 평생을 먹고 살게 된다. 그러나 100세 인생을 논하는 시대이다. 이제 제2의 직업이나 은퇴 이후의 생활을 준비하지 않을 수 없다. 재미있는 삶은 교육과정과도 관련된다. 암기식 및 주입식 교육으로 쌓아온 지식은 제4차 산업혁명 시대가 도래하는 최근에는 갈수록 쓸모없게 되고 있다. 수학이나 과학 등은 인간보다 월등히 앞서는 인공지능(AI)에 의존하여 편하게 지내고, 대신에 오래 사는 만큼이나 넓은 대인관계를 유지하기 위해서는 감성지능(emotional intelligence)을 더욱 개발하는데 힘을 쏟을 필요가 있다. 세계는 창의성 교육으로 갈수록 뜨거워지고 있다. 지금 우리나라에는 600만 명에 달하는 초중고생들이 시대에 맞지도 않고 오히려 뒤떨어진 교육제도 때문에 고통을 받고 있다.

결국 개인의 창의성과 창신성을 무시하고 말살하고, 기계적인 정답 고르기에만 능숙한 젊은이들만 양산되고 있다. 대학들은 초중고에서 이런 식으로 길러진 학생들을 교육기관으로서의 본분보다는 주로 취업전선에서 이길 수 있는 전사(戰士)를 키워내는 데만 열중하고 있다. 교육부는 예산 배정을 미끼삼아 대학 길들이기에 분망하거나 시대에 뒤진 대학교육정책을 청사진으로 제시하는데 익숙해져 왔다. 일부 사립대학의 경우, 재단 이사장과 이사진의 전횡으로 건립정신이나 교학정신은 슬로건이나 캐치프레이즈로 전락하고 있기도 하다.

날이 갈수록 평생직장 개념이 옅어지는 판국에 일류학교에 보내려는 학부모들의 의식변화도 반드시 짚고 넘어가야 할 과제이다. 지금은 명문대→대기업 및 고급 공무원→은퇴→성공적인 인생이라는 틀이 깨지고 있다. 오히려 현재 인기 있는 직업이나 직장이 조만간 유망하지도 희망적이지도 않게 된다는 사실을 부모부터 먼저 각성해야 할 때이다. 인간의 단순한 기계적인 능력만 가지고 살아가는 사회가 더 이상 아니라는 관점에서 자녀들을 키워나가야 한다.

교육부는 스스로 획기적 개혁을 추진해야 한다. 정부가 교육의 '백년대계'를 세우는 역할을 하는 것은 당연하다. 그러나 국가기관이 일방적인 교육정책을 정하고 교육방향에 절대적 영향을 주는 행위는 하루 빨리 시정되어야 한다. 각급 교육기관의 교육자들의 양심을 믿고 그들의 교육철학을 존중하는 것이 정부의 역할이다. 그들이 교육을 보다 좋은 환경에서 많은 아이들이 자존감과 행복감을 느끼면서 사회 구성원으로서 타인을 인정하고 배려하는 교육이 이루어지도록 하는 방향으로의 역할을 재조정해야 한다. 그래야만 교육부 고위공직자의 입에서 '개돼지' 같은 말도 안 되는 발언이 없어질 것이다.

낡은 입시제도와 그에 편승하는 사교육이 미래의 우리 발목을 잡을 것이 분명한데도 교육부 당국은 시대정신을 무시하는 듯하다. 그 이유는 '혼'이 없는 제도에만 집착하고 있기 때문이리라.

한국의 실업자 가운데 대졸자 비율은 45.1%로 절반에 가깝다. 이 비율은 2000년 23.5%에서 거의 두 배로 늘었다. 20여 년 전만 해도 대졸(大卒)이란 타이틀은 상당히 괜찮은 미래를 보장해줬다. 그러나 이제 한국에서 대졸은 거의 아무것도 보장해주지 못한다. 그렇지만 우리 사회는 아직은 대졸자를 우대하는 경향이 짙다. 만약 빌 게이츠(B. Gates)라도 한국의 이런 분위기 속에서 대학을 다녔다면 분명히 졸업장을 받아야만 했을 것이다.

수능제도가 도입된 지 25년째다. 이 시험은 초기에 통합적 사고를 평가했다는 평가를 받았지만, 점점 암기형·함정

피하기 시험으로 변질됐다. 10년 안에 직업의 절반이 사라진다. 제4차 산업혁명이 가져올 사회 변화 속도는 산업혁명의 10배, 규모는 100배, 임팩트는 3000배라 한다. 이 변화에 적응할 수 있도록 학생들에게 생각의 유연성과 근력을 키워줘야 한다. 한국 교육 시스템은 산업화 시대에 남을 따라잡는 인재를 키우는 데 최적화되어 있다. 그 역할은 끝났다. 지금 나라 안팎이 아무리 혼란스러워도 미래를 내다보고 교육을 어떻게 바꿀지 진지하게 고민해야 한다.

국방부문 개혁

한때 율곡(栗谷)사업 비리가 드러난 이후 무기 도입과 관련한 군 내부의 비리 사건은 헤아리기조차 힘들 정도로 계속되고 있다. 전쟁도 평화도 아닌 정전(停戰) 상태의 나라에서 벌어지는 일이라고 믿기가 힘들다. 부패는 나라 안위(安危)가 걸린 방위산업에서 원전(原電)·고속전철 사업까지 끝이 없게 드러나고 있다.

싱가포르의 리콴유(李光耀) 전 총리는 "제비는 작아도 오장육부가 다 있다."는 중국 속담을 자주 인용한다. 작지만 강한 나라의 안보의식을 일깨워주는 상징적 표현이다. 미래학자 토플러(A. Toffler)도 영토가 큰 나라보다 작은 나라들이 국제경쟁에서 유리하고 더 잘살 수 있다고 주장한 바 있다.

지금 군은 건국 후 최악의 무기력 상태다. 좌파는 아예 노골적으로 김정일 편을 들고 우파는 국방에 무관심하고 있는 듯하다. 모두 헛된 위장평화의 꿈부터 깨야 한다. 연평도에 대한 북한군의 무차별 공격은 우리를 오랜 위장평화의 잠에서 잠시나마 깨어나게 했다. 우리의 안보체제가 총체적으로 부실했고, 더해서 우리는 스스로 무장을 해제한 채 우리끼리의 싸움에만 몰두했기 때문이다. 김정은이라도 한 번쯤 한국을 건드려보고 싶은 유혹을 느꼈을 정도다.

군대의 부정부패는 발본색원(拔本塞源)해야 한다

미국의 저명한 리더십 저술가 에드거 퍼이어가가 쓴 『아메리칸 제너럴십(*American Generalship*)』이란 책은 성공한 미군 장성들의 리더십을 심층 분석하고 있다. 그는 100여 명의 대장급 장군과는 직접 인터뷰했고, 1000여 명에 달하는 여단장급 이상 장군과는 개인 인터뷰 및 서신 교환 등을 통해서

군의 리더십을 낱낱이 파헤쳤다. 그 결과 그는 탁월한 군사 지도자 리더십의 요체는 리더의 훌륭한 인격이라고 결론지었다. 그는 이어 훌륭한 인격은 자기 헌신, 책임감, 직감, '예스맨'에 대한 반감, 독서를 통한 자기 계발, 의사소통, 부하에 대한 관심과 배려, 권한 위임 등 개인의 자질과 특성이 어우러진 총체적인 모습이라고 정리했다.

군 특유의 위계적이고 폐쇄적인 계급문화와 부실한 통제시스템이 방산업체와 무기중개상과의 끝없는 유착으로 이어지고 있다. 특히 각 군 사관학교 선배, 장성 등이 전역 후 무기 중개업체에 취직해 후배들을 상대로 로비를 벌이는 '먹이사슬'은 뿌리 깊은 비리의 온상이었다. 결국 군에서도 전관예우 폐습이 기밀 유출로 이어지는 것이다. 국내 무기 중개시장은 연 1조 원 규모이다. 국내 중개업체만 1200곳에 이른다. 예비역 장성·장교들의 취업이 경쟁적으로 늘어나면서 기밀 누출 사례도 많아지는 추세이다. 기수 서열이 엄격한 군조직 특성상 전역한 선배 부탁을 거절하기 어려워서 작은 정보에도 사업 투명성이 보장되지 않고 있는 실정이다. 예비역들 모시기 경쟁이 가열되면서 예비역들이 무기중개업체로 가는 것을 막는 법이 현재로선 사실상 없다. 방위산업

관계자는 예비역 군인의 무기중개업체 취업은 확대되고 있지만 이를 규제할 방안은 거의 없다는 게 문제라고 지적하고 있다.

안보 의식 부족은 군에 대하여 부정적 인식을 제공하는 요인이 되고 있다. 대통령을 비롯한 정치지도자로부터 일반 국민에 이르기까지 우리는 국민의 생명과 나라의 강토를 지키는 안보의 명제에 미숙하거나 소홀하거나 대수롭지 않게 여기는 풍토에 젖어왔다. 세계의 막강군대로서 철통국방을 자랑해왔던 한국군이 이러한 안보무기력 또는 안보불감증에 빠지게 되었는지는 심각한 우려가 아닐 수 없다.

천안함 사건 때도 그랬지만 정치지도자들의 우왕좌왕, 갈팡질팡, 흐지부지, 책임 회피는 우리의 군 통수에 이상이 있다는 것을 절삼케 했다. 통수의 분제는 바로 군 전체의 문제로 연결된다. 천안함 피폭 때의 속수무책은 별개로 치더라도 우리 군의 기강은 가히 무장해제 수준이다. 불량 전투화, K-21 장갑차의 침몰, 링스헬기 불량정비, K-9 자주포의 불량부동액 등 군 내부의 비리는 우리 군이 지금 건국 후 최악의 무기력한 상태임을 대변해 주고 있다.

군 상관을 '아저씨'라고 부르는 희화적 상황은 한마디로

'X판' 군대라는 오명을 낳고 있다. 이에 더하여 상당수 좌파 세력은 아예 친북적이거나 김정일 편이다. 이제 우리 내부의 종북 좌파들은 누구도 겁내지 않고 누구의 눈치도 보지 않을 만큼 노골적으로 처세하고 있다. 우리 민·군이 죽고 연평도가 불바다가 되었는데도 평화를 들먹이며 북측의 포격이 우리 측 포격에 대한 대응이라고 북측을 거들거나, 북한쪽 민간인 포격 금지를 요구하는 안보 불감증 환자들이 국내의 각종 좌파적 사회단체들의 우두머리 노릇을 하고 있는 실정이다.

햇볕론이 완전히 실패로 끝났는지에 대한 논쟁은 여전하다. 햇볕론 반대자들은 햇볕을 북한에 쪼인 것이 아니라 대한민국을 녹이는 데 북측이 더 효율적으로 써먹었다고 한다. 김정일 집단에게 돈 갖다 주고 시간 벌어주면서 대한민국의 정신과 국체를 해체시키려는 유혹을 더해주는데 기여했다는 주장이다. 전교조 등 좌파 교육은 우리 군을 비하했고, 통일 저해세력으로 묘사해 왔다. 군은 기피 언어가 됐고 국방과 안보는 '정치도구화'되고 있다. 일반인 사이에서도 군과 안보는 시니컬한 대상이 되고 있다. 안보 중요성을 강조하면 '전쟁 부추기는 것이냐'는 조롱이 다반사로 되돌아오는 현실이다.

안보의식의 박약은 모병제가 채택돼서 자기 아들이 군대를 안 갈 수 있다면 대신 돈으로 보상하겠다는 중산층에 속하는 자들이 너무나 많다는 사실에서도 입증되었다. '확전 반대'가 20대에 압도적으로 몰려 있다는 어느 여론조사의 수치는 우리 국방의 미래를 암담하게 만든다. 북한의 공격에 분노하고 어떤 대응을 해야 할 지를 입으로만 떠들어대는 것은 공허한 패배주의적 푸념처럼 들린다.

우리 내부의 지도층 특히 정치권에서 군의 문제를 거론하며 질타하는 것으로 시종하는 것도 소득 없는 자해행위일 뿐이다. 하지만 대한민국의 동질감과 일체성을 해치는 극단적 친북·종북주의자들이 거리낌 없이 활개 치는 사회가 오늘의 우리 모습이다. 대한민국을 선양하고 자랑하는 것도 의미 있지만, 그보다 대한민국을 지켜내는 일이 최우선임을 일깨워야 한다.

국방 예산 실태

2017년 국방예산 규모는 40.3조 원이다. 주 내용은 전력

운영비 28조(69.8%). 전력유지비 11조(27.3%), 병력운영비 17.1조(42.5%) 그리고 방위력 개선비 12.2조(30.2%)로 구성되어 있다.

총 국방예산 중 42.5%가 병력운영비로 책정되어 있다. 병 복무기간 21개월은 전력정예화와 전문화의 문제가 정치적 요인으로 시빗거리가 될 소지가 있다. 출산율 감소에 따른 병력 충원문제가 조만간 발생할 것이다. 이에 대한 보완책도 시급한 편이다. 핵가족화의 촉진으로 개인주의적 사고가 팽배해져 이른바 '관심 사병'이 과거보다 많아지고 있는 점도 심사숙고해야 할 사안이다. 그리고 섣부른 모병제 주장은 새로운 사회적 차별이나 갈등을 불러올 가능성이 상존하므로 심도 있는 검토가 필요하다.

결국 군 전력의 기계화, 전문화, 직업군인화로 점차 이동하는 경향에 관한 연구가 광범위하게 국민적 공감대를 형성하도록 유도해 나가야 할 것이다.

특권 누리는 노동조합

고용노동부는 자율 시정을 권고한 단체협약 내용 가운

데 자녀 우선 특별 채용이 '고용 세습'에 해당돼 청년 취업난을 가중시키는 것으로 지적하고 있다. 지난해 고용노동부 조사에서 고용 세습 조항을 단체협약에 담고 있는 기업은 700개에 육박하는 것으로 집계됐다. 특히 노조가 민주노총에 가입돼 있는 기업 가운데 고용 세습 조항을 두고 있는 비율이 37%에 달했다.

위법 단체협약이 시정되지 않는 처벌 규정이 벌금 500만원이 전부인 것은 물론이고 노동계가 단체협약 자율 시정 자체를 거부하고 있기 때문이다. 노동계는 "노사가 합의해 만든 단체협약을 정부가 시정하라고 강제하는 것은 노사 자치주의를 위배하는 것으로 공권력 남용에 해당된다."고 주장하고 있다. 국회 환경노동위 소속 야당 의원들도 정부의 단체협약 시정 권고는 행정 절차법 위반이라며 정부 개입 중단을 요구하는 결의안을 제출했다. 노조가 자율 시정을 거부하는 것은 처벌 규정이 약하기 때문은 아닐 것이다.

노동시장의 유연성 문제도 풀어나가야 한다. 합의하는 경우가 드물지만, 개혁의 핵심은 늘 노동 시장의 유연화라는 점에 대한 것이다. 즉 노동조합의 일부 권한을 줄이는 것이 무엇보다도 긴요하다는 얘기다. 노조가 노동 공급을 독점하도록 한 것은 시장경제의 원리를 근본적으로 어긴 것이니, 노조가 문제를 일으키는 것은 필연적이라는 지적도 많다.

노조의 폐해를 열거하려는 목적이 아니라 단지 외국의 실례를 들고자 한다. 한때 세계의 자동차 생산 중심지였던 디트로이트가 황폐해진 것을 보는 것만으로 충분하다. 전투적인 노조에 눌려 미국 자동차 회사들은 임금과 연금을 올렸고, 마침내 경쟁력을 잃어서 파산했다. 우리나라 제조 기업들이 외국으로 이전해 우리 제조업의 속이 텅 비고 일자리가 늘어나지 않고 있는 사정도 우리는 알 만큼 안다. 그렇다고 노동자들이 혜택을 입는 것도 아니다. 노조는 자체로 경제를 성장시킬 힘이 없다. 따라서 힘센 노조의 조합원들이 생산성 증가율보다 임금을 많이 받으면, 그들은 힘이 약한 노동자들의 몫을 가져가는 셈이다. 노조에 든 10% 이하의 유복한 노조원들을 위해서 나머지 90% 이상의 약하고 가난한 노동자들—하청업체의 종업원들, 비정규직 및 외국인 노동자들—이 희생되는 셈이다.

일자리 세습 문제도 시정되어야 할 노동계의 악습으로 지적되고 있다. 같은 회사의 외국 공장들에 비해 생산성이

반 밖에 되지 않아서 회사가 외국에 공장을 증설하면 국내 젊은이들의 일자리가 사라진다. 공장이 쉬어서 생계가 어려우니 제발 파업을 끝내 달라고 파업한 자동차 회사 종업원들에게 호소하는 하청업체 종업원들의 애처로운 모습이 그런 구조를 잘 드러낸다. 귀족은 세습되는 신분이므로 '귀족 노조'의 조합원들은 자식들에게 자신들의 일자리를 물려줄 권한이 있다고 확신하고 실제로 단체협약에서 일자리 세습을 포함시키고 있다. 기업의 소유와 경영은 바뀌어도 자신들은 바뀌지 않으므로 그들은 자신들이 진정한 주인이라 자부하기도 한다. 그래서 기업의 소유가 바뀌면 파는 쪽에는 '위로금'을, 사는 쪽에는 상당한 주식을 내놓으라고 요구한다. 요구를 들어주지 않으면 매매가 안 된다. 그래서 '귀족 노조' 입장은 언세나 단호하다.

사회계층의 이동성 확대가 요구되는 현재에 있어서도 노동시장에서의 장벽에 막혀 좌절하는 젊은이가 많아서는 창의력이 발휘될 수 없다. 계층 이동성을 높이려면 노조원의 '소득 대물림'이 심할 경우 그만큼 많은 기회들이 박탈된다.

노동 시장의 유연화를 생각하면 자연스럽게 마거릿 대

처 수상이 떠오를 것이다. 대처 수상이 노조의 불법 행위들과 단호하게 맞서 이긴 사실과 당시 영국 지식인들 대부분이 대처를 비난했다는 사실 때문이다. 그래도 대처는 끝내 이겼다.

헌법에 구현된 자유민주주의와 시장경제를 다듬는 것이 바로 우리나라를 잘살게 만드는 길이라는 믿음은 노조 개혁에 대한 우리의 각오를 든든하게 뒷받침해 줄 것이다.

경제협력개발기구(OECD) 앙헬 구리아 사무총장이 "노동개혁을 못하면 한국 경제는 희망이 없다."라고 일침을 가했다. 그는 한국 경제를 살리려면 노동개혁을 하라고 권고하기도 했다. 그리고 노동개혁을 하면 경제의 기초가 튼튼해져 외부 충격에 대응하기 쉽다는 주장을 폈다. 이어 "한국이 최상위 선진국을 따라잡으려면 그들 국가에 비해 절반 수준인 규제 강도를 풀고 노동시장을 유연화해야 한다."고 덧붙였다. 그가 이처럼 노동개혁에 강한 애착을 보이는 이유는 간단하다. 세계경제 상황을 면밀히 검토하고 방향을 제시하는 OECD 입장에선 노동개혁만큼 경제에 선순환 효과를 일으키는 것이 없다고 판단해서이다. 실제로 스페인은

2012년 국가부도 위기에 몰렸지만 노동개혁을 단행한 뒤 100만여 개의 일자리가 생겼다.

강도 높은 공공개혁을 해야 한다

'국가개조'라는 용어에 대해 이의를 제기하는 사람들이 적지 않다. 하지만 말이 '국가개조'이지 그 실질적 내용은 '공공분야 개혁'이다. 그렇다면 개혁 작업은 공무원 조직과 공공기관 전체에 대한 대대적인 수술을 포함해야 할 것이다. 퇴직 관료가 민간분야에 취직해서 정부를 상대로 비정상적인 로비 활동을 하는 현상은 대단히 병적인 것이므로 당연히 타파돼야 한다.

요즘같이 급변하는 세상에선 행정고시에 합격하고 타성적으로 공무원 생활을 오래 해온 관료들은 능력과 역할에서 한계를 보여주게 된다. 이들 관료들의 일은 고작해야 연구용역을 발주하고 위원회 회의를 소집하는 등 관리 수준에 불과하다. 그러면서도 이들은 변화에 반대하는 논리를 만들어서 자기 조직을 보전하고, 정치적으로 결정된 바를 적당히 합리화하는 데는 탁월하다. 사정이 이렇다면 거대한 관료집단을 유지해야 할 이유가 없다. 더 늦기 전에 각 부처의 조직과 기능을 원점에서 검토해서 과연 그 조직이 필요한지를 판단한 후에 존재 이유를 상실한 조직은 과감하게 혁파하는 등 특단의 대책을 세워야 한다. 조직을 존치하는 경우에도 책상에 앉아서 결재나 하는 관리직은 과감하게 줄이고 그 대신 민생경찰과 소방대원을 확충해서 국민의 안전을 지켜야 한다.

공기업 등 공공기관도 그 조직이 과연 필요한지를 검토한 후에 불필요한 기관은 혁파하거나 통폐합해야 한다. 금융마피아, 토건마피아 등 관업(官業) 유착이 심한 부처부터 손보아야 한다. 관료들이 퇴직 후에 산하 공공기관에 낙하산을 타고 내려와서 몇 년을 버틴 후에 또다시 관련 이익단체에 취직해서 후배 관료들을 상대로 로비를 하는 퇴폐적 현상이 심한 곳이 이런 부처들이다.

공공개혁을 미룰 수 없는 이유는 또 있다. 우리나라의 공공부채는 위험 수위를 넘었으며, 특히 공기업 부채는 상황이 매우 심각하다. 근래에 공기업들이 자산 매각 등을 통해 부채를 줄이고 있지만 그 효과는 제한적이다. 더 이상 존치할 필요가 없는 공공기관은 과감하게 정리하고, 전 정권에서 있었던 각종 의혹도 차제에 일소해야 한다.

공공개혁은 국민적 공감대가 없이는 성공할 수 없으며, 특히 야당의 협조가 없이는 시작도 하기 어렵다. 공무원 사회의 저항과 공공기관 노조의 반대를 극복하기 위해서도 야당과의 공조는 필수적이다.

6장

전관예우 척결

특권을 내려놓지 않고, 책임을 지지 않으며 권리 주장에만 매달리는 공직자에 대한 개혁 없이는 민초들의 원성이 사라지지 않을 것이다. 탐관오리를 벌주는 조선 시대의 '장오인녹안(贓汚人錄案)'[2]에 버금가는 채찍이 필요하다.

당시에도 장리(贓吏)의 법이 있었지만, 법망을 피해 부정 축재하는 일이 다반사였다. 대감 집의 노비까지 살이 찔 정

2 본인과 그 자손까지 벼슬길에 나서지 못하도록 해야 하는 제도.

도였다. 오늘날 공동체 구성원을 모두 같은 가족으로 얼싸안는 '천하위공'의 목민관 철학은 진실로 찾아보기 어려운 세태이다.

부정부패의 사슬: 법조계 이어 행정관료까지 악습 만연

과거의 성공이란 묵은 문제에서 벗어나 새로운 문제와 대결해가는 과정이다. 이 사실을 망각하는 순간 성공에 녹이 슨다. 나라 여기 저기 피는 검버섯이 심상치 않다.

'만성 저신뢰 사회'의 주요 원인은 공적 기관들의 의무불이행과 이에 따른 국민의 정부 불신에서 비롯된다. 대한민국에는 법질서·법치주의·시민정신 미성숙으로 '거짓말 범죄' 발생률이 높아져가고 있는 현실이 이를 입증하고 있다. 각급 공공기관의 장들은 책임지지 않으려는 권리를 가지고 개혁 의지가 전혀 없이 무사안일만을 기다리고 있다. 국가의 장래는 자신의 책임 밖이라는 영혼 없는 제도를 즐기고 있다.

고위공직자들의 부적절한 행태가 구체적으로 드러나기

시작한 것은 국회 인사청문회의 대상을 국무위원까지 확대한 2005년 이후의 일이다. 청문회 검증에는 병역비리, 세금탈루, 부동산투기, 전관예우 등이 단골메뉴로 올라온다. 전관예우는 법조계의 악습을 지칭하는 말이었지만 최근에는 행정부 퇴직 전관의 부적절한 행태를 지칭하기도 한다. 한국행정연구원이 2011년 5월 여론조사기관 현대리서치에 의뢰해 중앙부처 공무원 1,675명을 대상으로 조사한 바에 따르면, 고위공직자 24.3%가 퇴직한 전직 상관을 의식해 의사결정을 내린 경험이 있으며, 15.7%는 부당한 압력을 받은 적이 있다고 한다. 전관에 의한 청탁이 간과하기 어려운 수준이다. 전·현직 간 부패사슬은 정치권력과 경제권력의 역학관계 역전으로 우려가 더 커지고 있다. 한국의 파워기관 영향력 순위에 삼성, 현대차, SK가 1위부터 3위까지 이름을 올렸고, 청와대는 10위에 그쳤다. 과거에는 생각하기 어려웠던 변화다. 경제권력에 의한 정부 관료 포획으로 정책의 공익성이 크게 훼손될 수 있다는 의미다.

사익의 대리인이었던 전관이 다시 공익 구현자로 변신하겠다는 것은 그 자체로 몰염치한 처신이며, 현직에 복귀한다 해도 직업윤리나 공직관을 의심받을 수밖에 없다. 전·

현직 부패사슬은 정부의 정책실패 가능성을 높이고 사회통합을 저해한다. 때문에 부패 사슬을 끊기 위해서는 전관뿐만 아니라 현직에 대한 규제도 필요하다. 저인망식 전방위 규제가 필요하다. 부패사슬의 폐해를 공직자의 도덕적 각성을 촉구하는 수준에서 바로잡기에는 한계가 있기 때문이다. 공직자의 사익추구 행위를 사전에 방지하고 청탁관행으로부터 공직자를 보호하기 위해 종합적인 입법이 필요한데, 그러한 노력의 산물이 '부정청탁 및 이해충돌 방지법'(일명 김영란법)이다.

경제협력개발기구(OECD)가 발표한 보고서는 우리의 민낯을 폭로하고 있다. 사법제도에 대한 한국인의 신뢰도는 27%로 드러났는데 조사 대상 42개국 중 밑바닥 수준인 39위다. 사법 신뢰도가 우리보다 낮은 국가는 콜롬비아(26%), 칠레(19%), 우크라이나(12%) 등 3개국에 불과하다. 반군(叛軍) 조직과 극우 단체의 테러가 난무하고 마약 범죄가 들끓는 콜롬비아 국민의 법에 대한 신뢰도가 우리와 비슷하다는 사실이 놀랍다. 총체적 불신 사회 한국의 충격적 단면이다.

사법제도가 불신 받는 이유는 자명하다. 법조계의 오랜 악습인 전관예우 때문에 국민이 '유전무죄, 무전유죄'라고 의심하기 때문이다. 법의 공정성이 흔들릴 때 공적 제도에 대한 신뢰는 수직 추락한다. OECD 보고서에 따르면 한국 국민 10명 중 7명은 정부를 믿지 않는다. 서울대와 조선일보가 수행한 '광복 70주년 국민 의식 조사'에서는 더 형편없는 결과가 나왔다. 청와대와 검찰, 국세청과 정당에 대한 신뢰가 참담할 정도로 낮다. 한국 사회가 이처럼 만성적 저신뢰 사회가 된 데는 정부와 법조계를 비롯한 공적 기관의 책임이 막중하다. 강력한 권력이 막대한 힘에 상응하는 책임과 의무를 다하지 않았기 때문이다.

제2차 세계대전 후에 일본이 급성장했던 것은 패전과 맥아더 사령부의 개혁으로 인하여 구질서가 무너지고 관련 이익집단들이 약해지면서 가능했다. 전후복구에서 다시 이익집단이 강해지고 이들이 '지대추구(地代追求)'[3]형 조직으로 재건되었기 때문이다.

3 지대추구란 '개인이나 조직이 유리한 지위를 이용해서 정당한 소득보다 더 많은 이득을 취하는 현상'을 가리킨다.

대한민국의 성장에 대해서도 비슷한 설명이 가능하다. 1960년대 이후에 한국이 급성장한 것은 그전 50년에 걸쳐 구질서가 무너지고 사회계층이 사라졌으며, 아직 강력한 이익집단이 형성되지 못했기 때문이다. 그런 '평화와 번영'이 50년 넘게 계속되면서 사회 곳곳에 '지대추구'형 이익집단이 다수 형성되었다. 한국 사회의 '지대추구' 집단은 고시 출신의 관료와 법조인, 언론계, 노동조합, 의료 관련 이익집단, 일부 대학 등 매우 광범위하고 다양하다. 권력이 있는 곳에는 어김없이 '지대추구' 현상이 있는 실정이다. 소위 '관피아'나 법조계의 전관예우는 전형적인 '지대추구' 현상이다.

그러나 문제는 '시위소찬(尸位素餐)'의 행태가 나타나게 된 점이다. 21세기의 대한민국 사회에서도 관계(官界) 및 공기업의 모럴 해저드 현상으로 비난과 비판이 들끓고 있다. 엄청난 빚더미 속에서도 성과급 잔치를 벌이거나 복지 확대를 하는 등 끝없는 방만 경영이 여론의 질타를 받고 있다. 많은 이가 그 원인을 정치적 배경과 공기업 수장의 낙하산 인사라고 꼽는다. 그러고 보면 목숨 걸고 정권 다툼에 나서는 이들에게 다 이유가 있었던 것이다. 말들은 늘 번지르르하게 '국민을 위해서'라고 하지만 실상은 자신들의 밥그릇 싸움에 지나지 않았다.

책임의식과 윤리의식 실종

'세월호 선장'은 사람만 다를 뿐 20년 전 성수대교 관리자, 삼풍백화점 경영자 그대로다. 그리고 지금 대한민국 사회에서 공중의 안전을 책임지는 자리 곳곳에 '세월호 선장'이 앉아 있다. '관피아(관료+마피아)'로 불리는 독버섯이 군집을 이루고 있는 모습은 지금도 여전하다.

일부 공무원들은 근대적 의미의 관료 즉 공복(公僕)이 아니라 전근대적 의미의 관원(官員)으로 관료의 변질을 초래하는 본인들이고, '관피아'가 바로 그 부산물이다. 안전 및 인재(人災) 불감증은 항시 대형사고를 불러일으켰다. 이후에는 빠짐없이 대한민국은 완전히 달라져야 한다고 말한다. 그렇다면 지금 대한민국은 달라지고 있는가에 대하여 자신 있게 대답하기는 어렵다. 한 외신은 세월호 참사를 '절차의 결핍(absence of protocol)' 때문이라고 진단했다. 선장과 승무원들도, 안전을 점검하고 감독해야 할 공직자(관피아)들도, 구조에 나선 정부도 지킬 것을 지키지 않았다는 의미이다. "공짜로 얻는 안전은 없다."는 것을 교훈으로만 남겼을 뿐이다.

이 땅의 일부 엘리트들은 돈에 너무 몰두한 나머지 초래된 그 숱한 대형사고들로부터 아직도 교훈을 얻지 못하고 있는 것 같다. 개인회사나 '관피아'나 모두 결국 돈 때문에 사고를 쳤고, 세월호 사태 역시 돈과 생명을 바꾼 것에 지나지 않았다. 대한민국 사회에서 반복되어 발생하는 대형참사의 원인은 한 마디로 '돈' 때문이다. 성수대교, 삼풍백화점, 경주(慶州) 마우나리조트, 세월호 사고 등은 공통적으로 '돈'과 직결되고 있다. 사람(人命)과 윤리 도덕보다 비용절감과 '돈'이 문제였다. '돈'이 모든 걸 지배하는 상황에서 안전은 불가능하다.

전관예우 부조리: '부패의 마약' 척결해야

토인비(A. Toynbee)는 "한국인에게 효는 백행(百行)의 근본이다."라고 하며 한국인의 효(孝) 사상을 극찬한 바 있다. 사회와 나라에 봉사해야 하는 자들이 효행의 의미를 국가로 확대하여 자신을 단속한다면 전관예우가 그렇게 몹쓸 일은 아닐 것이다. 그러나 오늘날 우리 사회에 있어 '법피아(법조+마피아)'는 '관피아'보다 더 치명적인 사회 악(惡)이다. 고위직 출신 법관 및 변호사가 1년 남짓 동안 수십억 원의 수임료를 벌 수 있는 나라가 대한민국의 사법시스템이다. 그들은 직업윤리를 저버린 '양심적 범죄자'다. '관피아'는 정부 산하 기관에만 있는 것이 아니다. 대형 로펌의 고문을 비롯하여 각 분야의 전문위원 등 고위직 인력 절반 이상이 공정거래위원회, 금융감독원, 국세청 출신이다.

전관예우 부조리는 사람의 자유를 구속할 수 있고 재산권을 결정할 수 있는 법조계의 권력에서 비롯된 것이다. 수사 및 재판받는 당사자들은 판사·검사의 결정권을 움직일 수 있는 전관 변호사들의 영향력을 믿고 사실상 뇌물(賂物)이나 다름없는 돈을 주고 있는 것이다. 그 이득은 현직 판·검사들에게 곧바로 배분되는 것은 아니다. 그러나 현직(現職)들은 그런 뇌물 순환의 공모(共謀) 과정에 참여함으로써 미래에 돌아올 특혜를 보장받고 있는 것이다. 이렇게 재판·수사가 전관·현직의 카르텔에 의해 뒤틀어지고 있는 현실을 보고 있는 국민이 과연 그 재판과 수사가 공정하다고 믿겠는가. 돈이나 폭력 같은 다른 비정상의 수단에 의존하는 게 낫다는 좌절이 생겨날 수밖에 없다.

종신직인 미국 판사들은 나이가 들어 업무 부담이 줄어든 시니어 판사가 되어도 현직 시절과 거의 같은 월급을 받는다. 일본은 최고재판소 재판관이 퇴임하면 공증(公證) 업무를 맡겨 개별 사건에는 개입하지 않도록 한다. 우리 판·검사들도 정년까지 일할 수 있도록 제도적 뒷받침을 해주어야 한다.

국민의 세금으로 생활을 영위하는 관리들을 상대로 책임행정을 추진하도록 하고, 안전도(安全度) 제고를 위한 수익자부담원칙을 적용하며, 내부고발제도의 정착을 시급히 추진하여 지속가능한 '거버넌스형 안전체제' 구축이 급선무이다. 국내 굴지 기업의 고문을 했던 법원 고위직 출신 변호사는 주변에게 월급이 예상이나 실제 하는 일보다 너무 많아 깜짝 놀랐다고 털어놨다. 대법관 출신 변호사가 다른 변호사가 맡은 대법원 상고심 사건에 간여도 하지 않으면서 이름을 올려주는 대가로 '도장값' 3000만 원을 받은 사실이 드러나기도 했다. 로펌들은 매년 법원·검찰 정기 인사철이면 수 억~수십 억 연봉을 보장하며 갓 퇴직한 전관 영입 경쟁을 벌인다. 법조계의 고위직 전관(前官)들이 다른 변호사들은 흉내도 낼 수 없는 엄청난 능력을 보유하고 있어 이런 대접을 받는 것만은 아니다.

지금 우리 사회는 대한민국의 기본을 새로 세우느냐, 아니면 지금까지 해오던 대로 그냥 가느냐의 기로(岐路)에 서 있다. 세월호 참사는 구조적·내재적으로 쌓여 응축돼 있던 부조리와 비리, 비정상 덩어리가 폭발해 분출한 것이다. 경제성장을 제1의 목표로 추구해오면서 수단 방법을 가리지 않고 목표를 성취하기만 하면 된다는 '앞만 보고 질주하기 식'의 효율 우선과 규칙 위반이 사회 구석구석 스며들어 있었다.

전관예우 적폐의 과감한 타파

법조계 전관예우를 범죄로 처단해야 한다. 전관예우가 '잠재적 비리(非理)'를 키워왔다. '관피아'나 법조계의 전관예우는 전형적인 합법을 위장한 부패조장 현상이다. 법조계를 비롯해 행정관료까지 악습인 전관예우 '부패의 마약'을 끊어야 한다. 전관예우는 왜 사라지지 않는가. 근본 원인은 법조계 내부의 도덕 불감증에 있다. 현 단계에서 전관예우 근절 없이 사법시스템의 신뢰 회복은 요원하다.

대통령의 인식전환이 필요한 까닭은 관료들의 자체개혁(셀프개혁)은 근본적인 한계가 있기 때문이다. 그들은 깨질 줄 모르는 철밥통을 끼고 살아 왔고, 집단의식으로 무장하여 '철의 둥지(iron cage)'에 안주해 왔기 때문에 그들 손에 개혁과 혁신을 기대하는 것은 애당초 불가하다.

'관피아' 문제는 고위공무원들이 자신이 갖고 있던 권한을 퇴직 후에도 전관예우로 보상받으려는 심리를 민간기업이나 이익집단들이 교묘하게 활용한 결과이기 때문이다. 오히려 고위공무원으로 성장한 민간경력자 출신이 도덕성이 결여되어 있다면 공채 출신보다 더 심한 '관피아'의 폐해를 만들어낼 수도 있다. '관피아' 문제의 해법은 고위공무원들이 공익을 위해 제대로 사용해야 할 정당한 정부규제나 감독 권한을 개인의 이익을 위해 부당하게 사용하지 않도록 우리 사회 전반에 퍼져 있는 전관예우 관행을 척결하는 것에서부터 출발해야 한다. 이런 관행이 발붙이지 못한다면 민간기업이 독과점 규제를 피하기 위해 공정거래위원회 출신 공무원을 영입하지 않을 것이고, 사립대학들이 교육부

관료를 총장으로 초빙하지도 않을 것이다.

민간경력자 채용을 확대하면 세월호 참사에서 드러난 공무원의 전문성 부족 문제를 해결할 수 있을 것이라는 기대도 그다지 바람직하지 않다. 공무원의 전문성이 축적되지 않는 것은 공채나 특채 어떤 경로로 채용되더라도 전문성을 계속 축적하고 업무에 활용할 수 없게 하는 폭넓은 순환전보시스템이 존재한다는 점과 같은 직급의 전보 대상 직위 간 권한 차이가 매우 크다는 점 때문이다. 일부 전문가는 이런 순환전보시스템을 없애기 위해 현행의 계급제적 인사행정체제를 직위분류제적 인사행정체제로 변경하면 된다고 한다. 하지만 수십만 개에 이르는 정부 전체 직위에 대한 전면적인 직무 분석과 평가가 선행돼야 하기 때문에 직위분류제를 도입하는 것도 현실적으로 불가능하다.

직업윤리 교육의 철저화도 많이 거론되어 왔다. 직업윤리는 직업생활에서 지켜야 할 도리 또는 사회적으로 기대되는 행위를 말한다. 이는 '기본', '원칙'과 일맥상통한다. '수처작주(隨處作主: 자신이 서있는 곳에서 주인의식 갖기)' 정신의 생활화가 필요하며, 공인으로서 도플갱어의 의미를 분간 못하는 공직자들이 너무 많다는 현실이 큰 문제이다.

서해페리호, 삼풍백화점, 씨랜드, 대구지하철, 세월호 사건 등 있을 수 없는 참극이 반복되는 원인은 무엇인가? 기업의 위험관리 소홀, 안전관련 경고 무시, 유관업계와 공무원들의 유착 등이 단골메뉴와 직결된다. 결국 모든 게 '돈' 때문이다. 이 시스템을 개혁하지 못하면 참극은 계속될 것이다.

관피아 개혁방안

첫째, 정년을 최대한 보장하는 일이다. '당근'으로 고려하는 제도는 정년 보장이다. 직업공무원 정년은 최대한 보장(고위공무원 전문분야서 60세까지 근무)함으로써 산하 기관이나 기업체를 기웃거리지 않고 소신껏 일할 수 있게 한다는 것이다. 그리고 반대급부는 민간 기업 취업 시는 제한을 둬야 한다.

둘째, 공직의 패러다임을 대폭 뜯어고치는 일이다. 국민의 공복이어야 할 관료가 국민 위에 군림하게 되어 있고, 이로써 자신들의 사익을 추구하는 관원치국(官員治國)의 적폐가 쌓이고 있기 때문이다.

셋째, 사법고시와 행정고시, 좀더 정확히 말하면 '5급 국가직공무원 공개경쟁채용시험'의 폐지 혹은 축소론에 관심을 가질 필요가 있다. 사회 전반에서 실력주의(meritocracy)를 버리고 성과주의를 적극적으로 도입하고, 분권화를 하며, 일선 공무원의 자질을 높이며, 특히 실적 및 성과에 대해 보상을 확실히 하는 시스템으로 전환해야 한다.

넷째, 저인망식 전방위 규제가 필요하다. 부패 사슬의 폐해를 공직자의 도덕적 각성을 촉구하는 수준에서 바로잡기에는 한계가 있다. '부정청탁 및 이해충돌방지법'(일명 김영란법)을 서둘러 전면 보완 시행해야 한다.

다섯째, 사회 각계의 직업윤리를 재정립하고, 각계 리더들의 자질을 높일 수 있는 새로운 '노블레스 오블리주 운동'을 전개해야 한다. 리더십과 직업윤리를 함양할 수 있는 효율적인 캠페인으로서 독일의 '마이스터(匠人)' 정신은 그 대안이 될 수 있다.

끝으로 제일 중요한 것은 공직자에게 주어지는 과다한 특권을 줄이고 없애야 한다. 여기에는 대통령의 특권까지 망라되어야만 효력을 가질 수 있다.

대한민국 사회는 학력이나 출신 배경이 아니라 실적과 성과를 중심으로 개인을 평가하는 방향으로의 대전환이 필요하다. 경영성과가 좋은 기업의 공통점은 학벌이나 출신 배경을 중요시하지 않고, 업무성과를 평가해서 보상하는 인사 시스템을 갖고 있는 점이다. 모든 조직은 구성원이 얼마나 일을 열심히 하고 잘하는가에 따라서 평가하고 보상하는 성과주의 시스템으로 전환해야 한다.

정부 재창조의 길은 쉽지 않다. 모두가 새 출발을 염원하는 지금 '정부 3.0'이나 '규제개혁'을 넘어 정부역할 재정립, '관피아' 척결을 실행해야 할 적기(適期)이다. 고위관료의 낙하산 재취업, 민간 사업자의 '방패막이'가 되어 정부에게 청탁함으로써 관치(官治) 재생산, 부패 확산으로 정부를 무력화하는 원흉들을 척결해야 한다. 이제라도 우리는 경제민주화의 길을 가야 한다. 돈보다 사람이 중요한 세상, 시장의 논리보다 민주적 결정이 우위에 서는 나라를 만들어야 한다.

지도층이 썩고 부패하는 일방으로 민초(民草)들은 예절

을 홀대하는 사회, 종교를 빙자하여 가난한 신자들의 호주머니를 들추어 돈을 버는 사이비 종교인들, 돈이라면 사람의 생명을 하찮게 여기는 패륜적 악덕 기업가들, 공직을 이용하여 등을 치거나 약탈에 능숙한 공무원들, 관료기득권자들, 넘쳐나는 정치모사꾼들, 이 모두는 우리가 키워 온 범죄행위의 숙주(宿主)가 아닌가? 우리가 단순한 부패 방관자의 차원을 넘어서 폭력의 동조자는 아니었을까? 자문자답하지 않을 수 없는 작금(昨今)의 현실이다.

7장

이념 혼란과 포퓰리즘

프랑스 대혁명 때 의회를 장악한 민중은 좌우대결로 양분되었다. 그러나 극단적인 과격파가 득세하자 온건파는 무차별 숙청당하였다. 당시의 비민주적 열정은 혁명의 성과를 나눠보지도 못하고 참혹한 결과를 낳았을 뿐이다. 이데올로기가 극단적 갈등양상을 보이게 되면 공동체 내에서는 '우리 편(We)'과 '반대 편(They)'만 남게 된다. '우적(友敵)' 대결은 결국 국가사회의 분열이나 제3의 지도자 출현으로 혁명은 미완성으로 종결되고 만다.

이념의 대혼란

작금 대한민국은 소위 '이념 전쟁'에 활활 불타오르는 메마른 숲과 같았다. 대낮의 광장에서 패거리를 짓고 '혁명'과 '계엄령' 외치던 한국이었다. 거리보다 제도에서 해결책을 찾아야 함에도 불구하고, 정치권의 정치력 부재는 서로 으르렁대는 시민 편가르기를 방관하는 모습을 보여주는데 그치고 말았다. 인터넷과 SNS에서 포화(飽和)하는 증오와 저주가 가득 찬 정치 성향을 띤 쓰레기 같은 문장들은 마치 악마가 게워낸 것이나 진배없었다.

대중은 자신들의 정의감이 사실은 광기라는 것을 모른다. 자신들의 논리가 사실은 미신이라는 것을 모른다. 자신들의 연대감이 사실은 '자유로부터의 도피'라는 것을 모른다. 우리 모두가 한 웅덩이에서 자라났다는 사실을 숨기려 한다. 동질감을 느낄 수 있는 우리 편이 아닌 상대는 적으로 매도하기도 한다. 자칫하면 심리적 위안과 보상을 받기 위해 스스로를 속이는 가운데 다른 누구에게 조종당하는 꼭두각시에 불과한 경우가 많기 때문이기도 하다.

지금 우리에게 이념이란 무엇이며 이러한 이념대결이 꼭

필요한지는 각자의 이데올로기에 따라 다른 응답이 나오게 되어 있다. 당장 이념의 가면 속에 숨지 말고 우리의 상처받은 마음을 지성과 사랑으로 치유하지 않는다면, 곧 다가올지도 모를 통일 시대의 대혼돈 속에서 우리는 이 사회와 이 나라를 잿더미로 변하게 만든 엄중한 심판을 받게 될 것이다.

다름의 존재가 인정되어야 법질서가 확립된다. 믿음의 대상이 다르다는 이유로 다수가 소수를 박해하는 일은 박해받는 개인뿐만 아니라 장기적으로 사회에 악영향을 미친다. 각 개인은 자신에 관한 한 절대적 권리(주권)를 가지고 있기 때문이다. 타율적 사회는 개인이 스스로 선택하는 능력과 기회를 허용하지 않으므로 개인에게 불행을 안겨주거나 미래 없는 계획만을 강요하는 꼴로 남는다.[4]

칸트(E. Kant)가 사람이라면 누구나 존중받을 수 있는 가치가 있다고 주장한 데는 인간이 누구나 이성적이고 자율적

---

4 그래서 반체제가 존재한다. 유일무이한 독재성에 취하는 것을 거부할 수 있는 권리는 인정되어야 한다.

존재이기 때문이다. 자율적으로 행위할 수 있는 능력이 있기 때문에 존엄성이 인정되는 것이다. 인간은 도구가 아니고 목적 그 자체이다.

어느 사회, 어느 국가나 보수세력과 진보세력이 공존하며 서로 경쟁하고 견제하며 발전을 이루어 나가는 게 정상이다. 두 세력 간에 균형이 이루질 때에 그 사회나 국가는 안정을 이루고 미래를 향하여 함께 나아가게 된다. 이 나라의 장래가 희망을 가지려면 개혁적인 보수세력과 합리적인 진보세력이 서로 선의의 경쟁을 하며 정권을 주고받으며 나라를 이끌어 가야 할 터인데, 보수세력이 병들어 있으면 그만큼 나라 전체의 장래가 염려스러울 수밖에 없다.

한국 보수세력의 약점

첫째는 한국의 보수세력 일부는 희생하려 들지를 않고 누리려고만 한다. 자녀를 군대에 안 보내려 하거나 세금도 정직하게 내지 않으려 한다. 민주화 세력이 일궈낸 민주화의 열매를 앉아서 누리려고만 해왔다.

둘째는 한국 보수세력은 뭉치지 않는다. 한국 보수세력

은 개별적 분파성이 강하다. 그래서 분열에 대한 자성도 빈약하다. 전체보다 자신을 먼저 고려함으로써 반드시 단결해야 할 상황에서도 기회를 번번이 놓치고 말았다. 지난번 각 지역의 교육감 선거에서 보듯이 전국 17개 지역 교육감 선거에서 진보 측이 13개 지역에서 당선되었다. 그 이유는 보수세력 후보의 난립 때문이었다.

셋째는 한국 보수세력은 공부도 하지 않고 홍보에도 대단히 소극적이다. 진보진영과 보수진영이 출간한 책의 양을 비교하자면 8대 2 혹은 9대 1 정도밖에 되지 않을 것이다.

넷째는 한국 보수세력은 사람을 기르지 않는다. 사람을 기르지 않는 전통은 초대 대통령 이승만 시대부터 그러했다. 이 역시 개인주의적 분파 지향성 때문이다.

다섯째는 한국 보수세력은 민족 및 국가경영의 비전이 매우 부족하다. 가장 단적으로는 지금 모든 정세가 통일문제에 관한 한 한국에게 유익한 분위기가 조성되고 있음에도 불구하고, 보수 측 인사들은 통일에 대한 분명한 비전을 제시하지 못하고 있다.

한국 보수세력의 자가진단 없이는 보수의 미래는 약속받지 못한다. 한국 보수진영이 움츠려든 것은 무엇보다 사회적으로 도덕적 책임의식을 각성하지 않았기 때문이다. 이른바 노블레스 오블리주를 실천하지 못했기 때문이다. 오랜 유럽 역사에서 보수가 시대를 선도하고 미래를 개척할 수 있었던 것은 그들에게 "역사의 흐름을 선취한다."는 뚜렷한 목표가 있었고 이를 실천에 옮겼기 때문이다.

그러나 아쉽게도 열린 사고와 상상력으로 사회통합과 지도체제를 제도화시켰던 서구의 역사와 전통은 한국에서는 실현되지 못했다. 보수는 흔히 변화를 싫어하고 경계한다는 인식이 지배적이다. 하지만 유럽 정치에서의 보수 논점은 "변하지 않기 위해서는 변해야만 한다."는 역설에 기반하고 있음을 차제에 인식하는 계기가 되어야 한다. 이전의 맹탕보수와 이기심에 가득 찬 보수세력이 개종되지 않는 한 한국의 미래는 여전히 어두울 수밖에 없다.

한국의 좌파문제

'열린우리당' 시절 노무현 정권에게 가장 큰 영향력을 행사한 정치활동가 집단은 마치 중국 문화대혁명 시절의 '완장 찬 홍위병'을 연상케 했다. 이들은 '당의 주인은 당원'

이라는 절대적 명제를 내세우며 당 지도부나 국회의원들을 겁박(劫迫)하였다. 이들은 흔히 '친노(친 노무현)'로 불려졌다. 그런데 오늘날 더불어민주당 내에서의 이와 유사한 세력집단이 앞서의 '친노'처럼 증오에 찬 언사와 행동을 보여주고 있다. 이른바 '친문(친 문재인)' 세력이다.

'친문' 세력은 때때로 증오집단처럼 비쳐지고 있다. '친문' 측이 그들을 비판하는 자들에게 쏟아내는 온갖 조폭적이며 반이성적 비난은 정치 도의에서 한참 벗어나는 저질류의 반지성적인 것들이다. 이에 '친문' 측은 그 어떤 경우에라도 "지지하는 자들을 우리가 통제하기 어렵다."는 말로 지나치고 있기 때문이다.

한국 좌파의 자기모순에 관해서는 지독한 인지부조화(認知不調和) 현상에 직면하고 있다는 것이 주류를 이루고 있다. 알고 생각하는 것들 사이에 괴리가 생길 때 나타나는 것이 인지부조화다. 첫째, 부자가 되기를 원하면서도 부자가 된 사람에 대해서는 강한 혐오를 드러낸다. 둘째, 자신의 자녀는 미국으로 유학 보내면서도 미국산 쇠고기, 미국과의 FTA 등 미국과 관련된 모든 것을 증오의 대상으로 삼는다.

셋째, 자신의 자녀가 전교조 교사 밑에서 지도 받는 것을 거리끼면서도 전교조에 대한 지지는 절대적으로 강하다. 넷째, 북한에 가서 살기는 싫어하면서도 일부의 경우 친북주의자 또는 종북주의자로 처신하고 있다. 다섯째, 투쟁과 경쟁은 동전의 앞뒷면과 같은 것인데, 노사문제이건 교육문제이건 투쟁에는 결사적으로 참여하면서도 경쟁만은 안 된다고 손사래를 치는 모습을 보여 준다.

이와 같은 일련의 현상 가운데서도 가장 현저한 것은 대한민국의 좌파로 살면서 그것을 가능케 한 대한민국의 성취는 부정하고 있다는 점이다. 한국의 좌파는 변해야 한다. 진보연대라고 하면서 실제로는 진보와 거리가 있는 좌파들끼리 연대하여 법치를 무시하고, 대중동원으로 힘을 과시하면서 참여 민주주의나 직접 민주주의를 내세우는 것은 스스로를 속이는 면에 있어 모순적인 것이 아닌지 생각해볼 일이다. 자신들의 주장과 행동에서 인지부조화가 있다는 것을 깨닫고, 그 문제를 정상적으로 합법적으로 해결해 보려는 진솔한 의지를 가질 때 비로소 건강성이 담보되는 좌파의 길이 열릴 것이다.

일반화된 포퓰리즘 난무

민주주의 제도 자체는 포퓰리즘에 취약하다. 대중은 자신에게 주어지는 혜택에 환호한다. 자연히 포퓰리즘에 의존하는 정치인이 승리하게 되어 정당 내 다수를 차지하게 되고 정당은 이념과는 상관없는 보스당이나 패거리로 전락하기도 한다. 이러한 정당활동은 쇼윈도에 전시된 '인간상품'처럼 눈물겹게 선택을 기다리며 '정신적 매춘'에 나서는 것으로 오인되기 십상이다. 게다가 자신에게 유리한 쪽으로 처신하기 때문에 이합집산을 거듭한다. 따라서 이런 자들은 권력집단에 편입되었을 때 당연히 사익(私益)에 따라 행동하게 된다. 이 그룹은 지식인을 자부하고 별다른 전문지식도 없이 카메라 앞에 나서기를 좋아하고 그럴듯한 말로 대중을 현혹한다. 대중에게 광신을 부추기면서 스스로 민주주의를 천박하게 작동시키는 주범이 되는 것이다.

정당 간에 이념과 정책의 경계선이 모호해지고 정치가 별다른 제동장치 없이 대중의 기호에 점점 더 영합하게 되면, 언제든 우상이 등장할 수 있는 여건이 마련된다. 대중은

'그저 그런' 낡은 정치인보다 새 스타의 등장에 환호하는 것이다. 그러나 그 스타는 십중팔구 대중을 나락으로 떨어뜨린다. 만약 여론으로 불리는 게 있다면 대개 특별한 의도를 가지고 만들어 낸 것들이다. 대중은 처음에는 그런 의견을 무시하고 그 다음에는 의심하다가 마침내 믿게 되면서 그 여론이란 것을 증폭시키는 역할을 하는데 동원되고 있다. 그런데 그런 여론조작에 가장 빨리 속는 자가 바로 곁불을 쬘 목적으로 여론이란 들불에 처음 성냥을 그어댄 정치인과 언론인이다. 그들은 불장난을 하는 어린아이처럼 아무런 책임의식이 없다.

선동적인 말의 예로 평등, 기회의 균등, 자유, 사회정의 네 가지를 자주 사용한다. 평등은 쉽게 정의되지 않는 말이며, 기회의 균등은 절대 이룰 수 없는 것이고, 자유는 예외 없이 요구되는 것이 아니며, 사회정의는 허울뿐인 말이라는 것을 이해하는 데는 상당한 시간이 요구된다.

거대담론에는 두 가지 나쁜 습관이 따라붙는다. 하나는 '혁신'이니 '개혁'이니 하는 말의 남용이다. 변화를 갈구하는 대중이 그런 말에 더 후한 점수를 준다는 믿음으로 인해 정치인은 끝없이 개혁을 외치는 것이다. 결국 '개혁을 개혁'하는 셈이 된다. 그리고 무지하고 무능한 정치인일수록 '국민'이란 단어를 즐겨 쓰고 있다. 정략적인 발상을 두고서 '국민이 원한다면'이라고 둘러대고, 포퓰리즘적인 정책으로 대중을 유인할 때 '국민의 뜻'으로 몰아간다. 무언가 사위적(詐僞的) 결정을 내려야 할 때는 '국민의 눈높이에 맞춘다.'는 표현이 반드시 동원된다.

그래서 정치인은 '편 가르기'를 한다. 편 가르기는 바로 '공동의 적'을 만드는 일이다. 정치인이 편을 가르는 것은, '압도적 다수'의 편에서 소수를 공격해서 선거에서 이기겠다는 전략과 관련 있다. 편 가르기는 소수인 한 쪽은 사악한 가해자(지배세력)이고, 다수인 한 쪽은 양순한 피해자(피지배세력)로 보이게 한다. 가장 흔한 편 가르기는 소수의 '가진 사'와 다수의 '못 가진 자'로 나눌 때이지만, 때로 '배운 자'와 '못 배운 자'로 편을 가를 때도 못 배운 자는 언제나 절대다수를 이룬다. 그래서 정치판에서 가장 효과적인 선동은 파시즘적 선동이다. 정치인들이 자주 국가를 앞세우고 민족을 강조하는 이유가 여기에 있다. 정치판에서는 진실이 거짓을 완전히 이기지 못하는 경우도 많다.

대중조작 용이한 만큼의 포퓰리즘 경계해야

대중 조작(操作)에는 조작(造作)도 들어간다. 순직 군인이나 소방관의 영결식에서 흘리는 눈물이나 해고노동자 앞에서 격앙되어 하는 연설은 대부분 조작(造作)의 범주에 속한다. 평소에는 별다른 관심을 보이지 않다가 연말이면 어김없이 고아원이나 양로원을 찾아가 식사당번을 맡는 것도 같다. 선거 때 느닷없이 길거리 청소를 하고, 군부대를 찾아가 병사와 함께 식사하며, 재래시장 상인의 손을 잡고 애환을 나누는 장면은 이제 오히려 대중에게 식상함을 줄 정도다(그들은 평소에는 그런 곳을 절대 찾지 않는다). 그런데도 이런 '조작'을 계속하는 것은, 그렇게 해서 만드는 이미지가 선거에서 승리를 결정하기 때문이다.

이런 일이 가능한 것은 대중이 신문과 방송에서 쏟아내는 '익명의 권위'에 너무 쉽게 노출되기 때문이다. 대중은 지식인과 저명인의 의견에 맞서서 별다른 의견을 개진할 지적 기반이나 여유가 없다. 따라서 '무지한' 대중은 자신도 모르게 신문과 방송에 선동되어 획일화된다.

대중조작은 궁극적으로는 중우정치(衆愚政治)로 귀결된다. 더 위험한 쪽은 인기영합주의다. 후진적 민주정치에서는 두 가지의 대중조작이 혼재하거나 순차적으로 일어나기도 한다. 대중조작은 사실 정책수행을 위해 필요한 것이다. 정책에 대한 선악을 미리 판단하기란 매우 어려운 일이다. 그래서 결정된 정책도 추진력을 가지려면 대중의 동의와 지지는 필수적이다. 그러나 대부분의 대중조작은 정책 수행과는 거리가 멀다. 대중조작은 선전 선동으로 '만들어진' 여론을 통해 대중을 원하는 방향으로 통제하는 걸 의미한다. 따라서 대중조작이 그 필수적인 도구인 미디어의 발달과 함께 해 온 연유다. 대중은 결코 '독자적인 개인'의 집합이 아니라, 휩쓸리는 '무리'에 불과한 것이다. 다시 말해 대중 속의 개인은 실체가 보이지 않는 여론이라는 '익명의 권위'에 이끌려서 자신도 모르게 민심으로 치환되고 선동되어 획일화된다.

공무원 일자리를 80만 개 만든다는 공약을 보자. 이 구상의 원조(元祖)가 있다. 국가 부도 사태를 맞았던 그리스다. 그리스의 비극은 30여 년 전 포퓰리즘 정권이 들어서면서 시작됐다. '관제 일자리' 정책이 시작된 것도 이 무렵이다. 수십 년 동안 그리스는 정부가 빚 내 공무원 월급 주느라 허덕였다. 그 결과 코미디 같은 일이 벌어졌다. 인구 1100만 명인 그리스의 국영방송 직원 수는 미국 CNN보다 많았다. 철도청 적자가 워낙 커 차라리 승객을 택시로 실어 나르는 게 싸게 먹힌다고 할 정도였다. 애초 지속 불가능한 정책이었다. 똑같은 실패가 한국에서도 발생할지도 모를 일이다. 차기 대통령 후보 한 사람이 공무원 80만 명을 고용하겠다는 계획을 제시했다. 아무리 산정해 봐도 적어도 1년에 30조 원 이상이 든다고 한다. 국민의 혈세가 더욱 열악한 처지에 있는 비공공부문 1000만 명이 공공부문 80만 명을 부양해야 하는 데 사용되어야 하는지는 심판의 대상이 될 수밖에 없는 듯하다.

대한민국 국민도 작은 은혜에 사로잡혀 큰일을 망치지 말라는 말을 유념해야 한다. 개인적인 작은 감정에 구애되어 대국적 판단을 그르쳐서는 안 된다는 의미이다. '작은 은혜에 사로잡힌다.'는 말에는 여러 가지 의미가 담겨 있다. 개인적으로 은혜를 베푼다는 것이 기본적 의미이지만, 눈앞의 일밖에 생각하지 못하는 '사소한 선심'도 당연히 포함된다.

예를 들어 선거철이면 자주 볼 수 있는 선심용 정책도 그 좋은 예이다. 나아가서 대중에게 영합하는 '선심용 복지정책' 따위도 사사로운 은혜에 포함되기 때문이다.

때때로 변덕스런 민심의 동향이 외부의 적보다 더 위험할 수도 있다. 그래서 대권 후보들에 대한 엄격한 검증 잣대를 적용해야 한다. 민주주의의 이름으로 포장된 포퓰리즘이 민주주의를 망치고 있다는 사실은 정말 사실이다.

8장

청년고용문제

젊은 청년들에게는 '사랑과 일'을 즐길 수 있는 권리가 있으니 부디 금수저, 흙수저, 무수저니 하는 말은 호사가(好事家)들의 말장난임을 깨달아야 할 것이다. 영원한 흙수저는 결코 없기 때문이다.

자랑은 노력의 산물이다. 노력의 결과는 결코 자신을 배신하지 않는다. 부귀와 영화가 그리우면 젊은 날의 투자 없이는 불가능하다. 젊은 학창시절이 왜 중요한가? 바로 이때 자신이 무엇을 원하는지를 지각하는 적기이기 때문이다.

고용은 청년에게 최악의 상태이다

고용문제는 뿌리부터 살펴 확실한 해결 방안을 찾아야 하는데 여기에도 '백가쟁명(百家爭鳴)' 식이다. 그러나 근본적인 처방만 기대하고 있기에는 사정이 다급하다. 이대로 가면 일자리가 급감하는 청년 고용절벽 사태가 머지않아 현실화할 것이라는 경고음이 커지고 있다. 이 때문에 임금피크제 전면 도입 등 세대 간 상생을 채근하는 목소리가 높아지고 있지만 노동계의 반발이 만만치 않다.

말라가는 청년 일자리 배경에는 임금체계의 문제가 있다. 통계청이 발표한 2015년 7월 고용동향에서 청년 실업률은 9.4%였다. 전체 실업률 3.7%의 2.5배에 달한다. 6월에는 청년 실업률이 10.2%로 외환위기 직후인 1999년 이래 가장 높게 치솟았다. 7월 기준으로 청년 취업자 수는 402만 6천명으로 고용률은 42.4%다. 2017년 2월 현재 15–29세 청년층 실업률은 전체 실업률의 2배가 넘는 12.3%이다.

청년 실업은 성장잠재력 약화로 새로 만들어지는 양질의 일자리가 줄어든 점이 주요 원인으로 지목된다. 그런데 고학력자 비중이 점점 커지면서 일자리에 대한 눈높이는 올라가고 있다. 취업 재수생은 쌓여만 가는데 중소기업 인력난이 심해지는 인력수급의 부조화(미스매치) 현상이 심화되는 배경이다. 앞으로 공기업과 300인 이상 사업장에서 정년 60세가 의무화되면 신규채용이 한층 위축될 것이고, 이는 고스란히 청년 실업률 증가로 이어질 수밖에 없다.

기업들이 청년 신규채용을 꺼리는 데는 임금체계 문제도 자리 잡고 있다. 경직된 임금체계가 국내 투자의 매력도를 떨어뜨리는 요소 중 하나인 점은 부인할 수 없는 현실이다. 기업들은 70% 가량이 생산성과 관계없이 '고참'이 될수록 임금이 오르는 연공서열형 임금체계를 택하고 있다. 고성장을 거듭하며 경제 규모가 커질 때는 근로자 인건비가 생산성과 연계되지 않는 고비용 구조를 지탱할 수 있었지만, 저성장과 결합하니 얘기가 달라졌다. 기업들은 한번 채용을 하면 30~40년씩 꾸준히 임금을 올리면서 고용까지 보장해야 하는 정규직 채용을 늘리지 않으면서 비용이 적게 드는 비정규직을 선호하는 현상이 나타났다. 이 과정에서 정규직·비정규직 간 차별 문제는 곪아가고 있다.

정부와 경영계는 '정규직 과보호론'을 기반으로 하는 노동시장 경직성 해소에, 노동계는 비정규직 보호 등 고용안정성 강화에 방점을 두고 있다. 임금피크제 효과가 크지는 않지만 정년 연장의 여파를 최대한 완화하기 위해서는 정착돼야 할 제도라고 한다. 그 다음 단계로 임금체계를 개편하는 등 해법을 찾아야 글로벌 시장에서 경쟁력을 유지할 수 있다고 한다. 그리고 비정규직이 정규직으로 올라갈 수 있는 사다리를 시급히 만들어야만 노동시장 개혁의 실마리를 찾을 수 있다. 우리나라 국민의 81%는 열심히 노력해봤자 계층 상승 가능성이 낮다고 인식하고 있는 것으로 조사됐다.

국민들은 중산층 수준의 삶을 사는데 가장 큰 걸림돌이 주거비 부담과 교육비 부담이라는 응답이 59.8%로 가장 많았고 과도한 사교육비와 보육비 부담은 29.2%로 뒤를 이었다. 과도한 원리금 상환부담(6.4%), 과도한 의료비(2.8%), 부족한 문화여가비(1.7%) 응답도 나왔다. 또한 국민들은 계층 상승 사다리를 강화하는 정부정책으로 소득재분배 정책을 가장 선호하는 것으로 조사됐다. 응답자의 46.7%는 '고소득층 세금확대를 통한 중산층·서민의 복지 확대'를 꼽았고 '일자리 창출 등을 통한 소득 증대'는 33%, '사교육비·주거비·의료비 등 지출부담 완화'는 20.3%를 차지했다. 연령별로 보면 계층상승에 비관적인 3040세대는 소득재분배 정책을 선호하는 반면 고도의 성장기를 경험한 50대 베이비붐세대는 소득증대 정책을 우선시하는 것으로 조사됐다. 20대는 일자리 대책, 60세 이상 고령층은 주거비·의료비 부담 완화정책에 높은 관심을 보였다.

흙수저론의 허상

프로이트(S. Freud)는 성인의 중요한 심리적 과제를 '일과 사랑'이라고 지적했다. 사회 안에서 자신이 어떤 사람인지를 결정하는 일을 통해서 사회적 존재로서의 정체성을 확인하는 것과 이성을 만나서 결혼을 하고 자식을 두어서 나누는 이타적 사랑 또한 중요하다는 것이다. 여기에 자연히 결혼문제가 대두된다. 그러나 과거와는 사뭇 다르게 만혼(晩婚)이나 비혼(非婚)이 우리사회에서 청년실업과 관련되고 있다. 잘 키워보려는 부모 생각과 달리 양육비가 감당하기 힘들 정도의 고비용문제로 대두하기 때문이다. 2012년 기준으로 대학졸업 때까지 양육비가 평균 3억 원대이고 결혼비용을 합치면 4억 원을 능가하고 있다. 이런 실정이기에 현재 만혼 및 비혼–저출산–형제 없는 아이 수가 증가일로에 있다. 또한

이 문제는 우리사회의 고령화 현상을 더욱 촉진시키는 원인으로 작용하고 있음을 직시해야만 한다.

비록 이러한 상황이지만 오늘날 흙수저니 무수저니 하는 말은 호사가들의 말장난이다. 진영논리에 젊은이들을 가둬두는 의도적인 반사회적 표현을 경계해야 한다.

개인에게는 '행복지수'라는 것이 있다. 보릿고개 시절에는 모두가 힘들었다. 그때는 지금처럼 배불리 먹지도 못하고 새벽부터 손이 부르트게 일을 하였지만 내일의 희망과 비전이 있었으며 삶의 의욕이 충만해 즐겁고 행복했었다는 것을 젊은이들은 잘 알지 못하고 있다. 그러나 우리 대한민국 국민은 이를 극복해 냈다.

사람의 가치관은 정권이 바뀌고 물질 사회가 급격하게 변하며 세월이 아무리 흘러간다 할지라도 바뀔 수도 없고 바뀌지도 않는다는 것을 잊지 말자. 권력, 출세를 위한 일이면 그 어떤 가치와 업적도 부정하려 드는 부도덕한 정치인들과 그 배후 세력들, 그리고 이에 부화뇌동하는 일부 젊은이들이 오늘의 잣대로 비판하려 애쓰는 것을 지켜보면서,

두 손을 불끈 쥐고 '먼 훗날 우리 후손들이 오늘을 살던 우리가 무엇을 했느냐.'고 물었을 때, 오늘 우리 젊은 세대는 민족의 재중흥의 신앙을 굳게 가지고 일하고 또 일했노라고 떳떳하게 대답하면 어떨까!

역사를 먼저 살다 간 아홉 중국인의 지혜를 참고하자

운도 지지리 없는 놈이라고 하늘의 무심함을 탓하지 말라!

내가 수십 년 간 낚시를 벗하며 때를 기다리는 동안 조강지처마저 나를 버리고 도망가 버렸다. 검은 머리가 백발이 되고서야 문왕 서백을 만나 은나라 주왕(紂王)을 멸하고 주나라를 세웠다. 나는 숱한 세월을 낚으며 늙은이가 되었지만 결코 하늘을 원망하거나 포기하지 않았고, 그 인내의 결실이었던 단 한 번의 기회로도 천하를 얻을 수 있었다.

〈주나라 태공망 강태공(姜太公)〉

용모가 볼품없어서 되는 일이 없다고 푸념하지 말라!

나는 어렸을 보잘것없는 외모 때문에 불량배의 가랑이

사이를 기어건너는 치욕을 당했고, 빨래터 노파의 밥을 빌어먹기도 했다. 초패왕 항우는 나의 볼품없는 용모를 업신여겨 범증의 천거를 번번이 거부하며 십 년간이나 말단벼슬아치 집극랑 자리를 맴돌게 했다. 항우에게 실망하고 유방밑으로 들어갔으나 연전연승하며 '해하'에서 항우를 완전히 섬멸하고 천하를 유방에게 안겨줄 때까지 갖은 수모를 견뎌내야 했다. 나는 초라하기 짝이 없는 몰골 뒤로 천하웅비의 뜻을 감추고 뭇사람들의 갖은 야유와 모욕을 참아내며 기어코 중국 역사상 최고의 명장이 되었다.

〈한나라 회음후 한신(韓信)〉

한때 자존심과 명예를 짓밟힌 치욕을 당했다고 생(生)을 포기하지 말라!

나는 벗 이릉장군을 변호하다 무황제의 노여움을 사서 생식기가 잘리는 궁형의 치욕을 당하고도 목숨을 부지하였다. 당시 궁형의 수치를 못 참고 자살하는 자가 많았으나 죽음이 두려워서가 아니라 못다 이룬 역사적 사명을 다하기 위하여 죽음을 선택할 수가 없었다. 나는 거세된 남자가 모진 생명을 질기게 끌고 간다는 온갖 조롱을 참아내며 옥중에서도 저술을 계속하여 마침내 『사기』를 완성한 불세출의 역사가가 되었다.

〈사기의 작가 사마천(司馬遷)〉

여자로 태어나서 하고픈 일을 못한다고 얼고만 있지 말라!

나는 아버지 무사확의 후처소생 둘째딸로 태어나 14살 때 최말단 후궁 재인이 되어 태종 이세민을 가무로 섬겼다. 황궁생활 초기에 나의 경쟁자는 여자였으나 비구니로 물러앉았다가 태종의 아들 고종의 총애를 받으며 황궁으로 돌아와 4명의 아들과 2명의 딸을 생산하며 황후가 된 후부터 나는 남자들과 힘겨운 전쟁을 시작했다. 장손 무기를 내쳤고 상관의를 처형하였으며 심지어 나의 4명의 아들마저 차례로 버렸다. 내 나이 67살. 여자든 남자든 아무도 도전할 수 없는 철옹성을 만들고 나서 역사상 전무후무한 여제(女帝) 성신황제(聖神皇帝)가 되어 15년간 천하를 다스렸다.

〈중국 유일의 여황제 측천무후(則天武后)〉

집안 배경이 나빠서 요 모양 요 꼴이 되었다고 변명하지 말라!

나는 오랑캐의 나라 원대 말기 안휘성의 빈농 한족집안에서 태어나 17살에 고아가 되어 탁발승으로서 가뭄과 기근에 찌든 험악한 세상과 맞서야 했고 전란 통에 비적 무리의 일개 졸개가 되었을 때 아무도 나를 알아주는 이가 없었다. 그 후 혁혁한 전과를 올린 공으로 반란군의 2인자가 되어 원나라 몽골군을 중원에서 몰아낸 후에도 양반 사대부 집안의 멸시와 견제 속에서 시달려야했다. 나는 송곳 하나 꽂을 땅이 없었던 빈농 집안에서 태어났지만 고아가 되었을 때조차 부모를 원망하지 않았으며 결국 몽골 오랑캐를 몰아내고 한족(漢族) 천하를 회복한 명나라의 초대 창업황제가 되었다.

〈명나라 태조 홍무제 주원장(朱元璋)〉

나이가 어리다고 어미의 치마폭 뒤에 숨어 칭얼거리지 말라!

나는 8살 때 황제가 되었고 13살 때 결혼을 했으며 14살 때부터 스스로 친정(親政)을 시작했다. 응석을 부릴 겨를도 없이 오삼계, 상가희, 경계무의 삼번난(三藩亂)을 제압하고 몽고를 평정했으며 티베트까지 원정했다. 나는 어린 나이의 어리광도 모른 채 군주가 되어 61년간 천하를 호령할 수 있었다.

〈청나라 제4대 황제 강희제(康熙帝)〉

돈이 없어서 재기할 수 없다고 낙담하지 말라!

나는 미천한 집안에 태어나 아버지가 일찍 죽는 바람에 학업도 못 마치고 전장(錢庄)에 들어가 똥오줌을 치우고 마루를 닦으며 잔심부름으로 어린 시절을 보냈다. 빈손으로 사업을 일으켰고 다시 빈털터리가 되는 과정을 겪고 또 겪었지만 내가 살아있는 한 아무리 빈손이라도 언제든지 사업을 다시 일으켜 세울 수 있다고 믿었다. 나는 한 푼도 가진 게 없는 가운데도 스스로의 재기를 믿었고 내게 없는 것을 메워주는 인재를 대함에 귀천을 가리지 않았다. 큰 상인이 되는데 돈보다는 사람이 더욱 소중함을 일찍이 깨달았던 나는 부와 명예를 모두 거머쥔 장사의 신, 상성(商聖)이 되었다.

〈청대 말 거상 호설암(胡雪巖)〉

만년 2인자라고 보스 자리에 대한 욕심으로 자신의 직분을 망각하지 말라!

나는 1935년 준의회의에서 모택동을 모시고 장정을 따라나선 때부터 죽는 그날까지 41년 동안 2인자의 길을 묵묵히 걸었다. 귀족 가문에서 태어나 공산당 초기 최고 지도자의 코스를 밟던 내가 가난한 농부의 아들 모택동을 중국 혁명의 지도자로 추천하고 스스로를 낮췄던 것은 인민의 마음을 움직이는 호소력이 그에게 있음을 알았기 때문이었다. 총리시절 행정보고를 함에 모 주석의 침상 옆에 꿇어 앉아야했고 방광암 수술을 받고 싶어도 모 주석의 허락이 떨어지지 않아 수술을 2년간이나 미루어야했다. 방광암으로 죽어가는 초읽기의 시간 속에서도 미일과의 수교, 문화대혁명의 폐허 속에 놓인 국가경제 재건, 등소평을 재신임하는 권력의 재편성을 위해 촌음을 다투었다. 나는 사망하는 순간에도 "다 죽어가는 나 따위는 돌보지 말고 다른 아픈 동지들을 돌보시오."라는 유언을 남기며 인민의 마음속에서 영원한 1인자, 인민의 벗으로 다시 태어났다.

〈중화인민공화국 총리 주은래(周恩來)〉

잘나가다 넘어지고 재기했다 다시 쓰러진다고 괴로워하지 말라!

나는 문화대혁명 때 반모 주자파로 몰려 홍위병으로부터 공개비판을 당했고, 잠시 일어났지만 하방(下放)당하여 강서성의 한 공장에서 4년간을 육체노동자로 버텨야 했다. 주은래 총리의 도움으로 복권되어 국무원 부총리로 재기했다가 4인방의 농간에 또 다시 실각하고 가택연금까지 당해야했지만 모택동 사후 정국 수습용으로 재기용된 후 화국봉과의 5년 권력투쟁 끝에 최고실권을 장악했다. 나는 세 번 쓰러지고 네 번 일어난 역전의 용사로서 마지막 정치적 위기였던 천안문사태의 시련을 견뎌내고 아무리 넘어져도 다시 일어나는 오뚝이(不倒翁)로서 개혁개방의 총설계사가 되었다.

〈중화인민공화국 주석 등소평(鄧小平)〉

스티브 잡스와 흙수저

사생아로 태어나 파란만장하고 격렬한 56년의 인생을 살다간 잡스가 남긴 말들을 모아 짚어보자. 잡스의 남긴 말을 10개로 요약한다면 아래와 같다.

1. 사랑하는 사람을 찾듯이 사랑하는 일을 찾아라.

2. 실패의 위험을 감수하는 사람만이 진짜 예술가다.

3. 늘 갈망하고 바보처럼 도전하라.

4. 죽음은 삶이 만든 최고의 발명품.

5. 머무르지 마라. 다음 일을 생각하라.

6. 혁신은 리더와 추종자를 구분하는 잣대다.

7. 혁신은 노력한 1000가지 일에 대해 '아니오'라고 말하는 데서 나온다.

8. 만족하지 않으면 No라고 말하라.

9. 다르게 생각하라(Think Different!) ~ 애플의 슬로건.

10. 다른 사람의 삶을 사느라 시간을 낭비하지 마세요.

「늘 갈망하고, 바보처럼 도전하세요(Stay Hungry, Stay Foolish!)」, 2005년 스탠포드대 졸업식 연설.

출신성분과 흙수저 논란

중국은 역성혁명(易姓革命)의 사례가 많은 전통을 가지고 있다. 한(漢) 왕조를 세운 유방(劉邦)과 명(明) 왕조를 세운 주원장(朱元璋) 두 사람만이 예외적인 케이스이다. 이 두 사람은, 모두 이름도 없는 농민의 자식이었다. 문자 그대로 이름도 없는 서민 출신이었다.

공자가 어려운 시절, 당시 사람들은 공자를 가리켜 "마치 상가(喪家)의 강아지 같다."라고 비웃기도 했다. 그러나 공자는 그런 불우한 상태에 처했으면서도, 의연한 태도를 잃지 않고, 언제나 등을 곧게 펴고, 당당히 머리를 든 채, 앞을 향하여 걸어갔다. 과연 공자란 어떤 인물이었을까? 큰 인물은 종과 같아, 두드리는 데에 따라 음색이 변한다고 한다. 공자의 출생은 미스터리와 같다. 어떤 자료는 무인 숙량흘(淑梁紇)의 아들이라 하고, 또 다른 자료를 보면 고아로서 부모의 이름도 모르고, 어머니는 필시 무녀였을 것이라고 전해지고 있다. 이런 형편이니, 어버이의 이름 따위는 아무래도 좋다. 한 가지 확실한 것은, 공자는 어려서부터 아버지 없이 어머니 손에 자랐으며, 경제적으로도 거의 혜택을 입지 못했다는 점이다. 요즘 세대를 감안하여 말하자면, 흙수저 출신이자 비행을 저지를 수 있는 조건을 두루 갖춘 환경 속에서 컸다고 할 수 있다. 공자는 17세에 어머니를 잃고, 19세에 결혼했으며, 20세에 아들을 하나 얻었고, 생활을 위한 괴로운 투쟁은 계속되었다. 꾸준히 노력하고, 홀로 수행함으로써 점차 지식과 지혜를 높게 쌓아 갔던 것이다. 그야말로 만성인 셈이다. 그가 널리 세간에서 인정받게 된 것은, 40세가 지나서이다.

유방도 처음에는 미래가 보이지 않는 자였다. 유방은, 중국 3,000년의 역사 속에서도 다섯 손가락 안에 꼽히는 영걸이지만, 젊었을 때는, 생업에 종사하지 않고, 일종의 불량배 조직을 만들어 마을의 어깨 노릇을 했던 자이다.

서양의 성공적 인물로 평가되는 몇 사람의 사례는 도움이 되리라 여겨진다.

영국의 처칠(W. Churchill) 수상은

- 영국 역사상 가장 위대한 지도자
- 열등의식의 극복/3수 끝에 육사 합격
- 철저한 반공주의자 〈철의 장막〉 선언/반히틀러주의자
- 노벨문학상 수상
- "위험으로부터 절대로 도피하지 말아라!"

미국의 벤저민 프랭클린(Benjamin Franklin)은

- 초등학교 2년을 마치고 양초 공장서 일하다 인쇄소를 차려 신문·책 발행. 최초의 공공도서관 설립. 펜실베이니아 대학(UPENN) 설립 참여.
- 독립선언서·헌법 작성 등에 참여하며 미 독립에 크게 활약
- 필라델피아를 살기 좋은 도시로 만든 공로로 시의원 당선
- 100달러 지폐에 실린 '미국 독립의 아버지'이며 '미국 건국의 아버지'

미국의 트루먼(H. S. Truman) 대통령은

- 고교 출신, 은행원, 여러 직업을 거친 입지전적인 제 33대 대통령
- 안경 없이는 장님, 군 입대 위해 시력검사표 암기 후 합격, 입대
- 권위를 차리지 않는 청렴한 생활
- '트루만 독트린'(1947년)과 유럽에서의 반공정책/마샬 플랜 실행
- 한국전쟁 시 미국 참전 결정, 반공 포로 송환 거부

청춘이여, 인문학 힐링 전도사에게 속지 마라

중세 유럽의 이야기다. 사악한 용(龍)을 잡는 방법을 가르치는 '용잡이 학원'이 있었다. 학생들은 비싼 수업료를 내고 기초부터 고급 과정에 이르기까지 열심히 공부하고 연마했다. 졸업반 학생 하나가 스승에게 조심스럽게 여쭈었다. "용은 어디 있습니까?" 스승이 대답했다. "용은 없다." 화들짝 놀란 학생이 "그러면 지금껏 배운 공부가 무용지물이란 말씀입니까?"라고 따지자 스승은 미소를 띠며 말했다. "너도 나처럼 학원을 차려 학생들을 가르치면 될 것 아니냐."

대학 공부, 특히 인문학이 용잡이 학원 수업을 닮았다는 비판이 끊이질 않는다. 이에 대해 인문학 교수나 소위 힐링 전도사들은 인문학이 상상력을 키워 주는 쓰임새가 큰 학문이라고 역설한다. 애플 창업주인 스티브 잡스가 대학에서 철학을, 페이스북 창업주인 마크 저커버그가 심리학을 전공한 것을 즐겨 예로 든다.

그런데도 왜 기업들은 잡스나 저커버그를 배출한 인문사회계를 외면하고 이공계나 상경계 졸업생을 선호할까? 이유는 두 가지다. 첫째, 고교 시절 잡스는 HP 인턴으로 컴퓨터 기초를 다졌고, 저커버그는 컴퓨터 신동이었다. 다시 말해, 그들 성공의 원동력은 컴퓨터 공부다. 인문학 지식은 부차적인 것이었다. 이것은 일반 대졸자에게도 그대로 적용된다. 모 일간지 기자가 "인문계 인재를 뽑아 직무 능력을 키워 주면 되지 않느냐."고 어느 재벌 그룹 인사 담당자에게 물어봤다. 그 담당자는 "인문계를 뽑아 하나부터 열까지 직무 교육을 하느니 차라리 이공계를 뽑아 인문학 강의를 해 주는 게 훨씬 더 경제적이다."라고 대답했다고 한다.

둘째, 잡스와 저커버그는 천재 중의 천재다. 천재(天才)는 말 그대로 하늘이 내린 재주라 대학에서 뭘 전공해도 성공한다. 보통의 학생들은 이런 예외적인 천재의 성공 스토리에 현혹되지 말고 인문계의 평균적인 모습을 살펴봐야 한다. 3주 전 어느 일간지의 조사에 따르면 지난 1년간 서울대 연세대 고려대(SKY) 인문사회 계열 졸업생의 취업률은 45.4%로 나타났다. SKY가 이 정도니 다른 대학들은 어떻겠는가. 그래서 나온 씁쓸한 신조어가 "인문계 90%가 논다."는 '인구론'이다. 이것이 인문학 전공자의 평균적 모습이다.

두 달 전 서울의 어느 명문대는 비인기 인문계 학과의

통폐합을 시도했다. 하지만 이 학제 개편은 곧 해당 학과 교수들의 거센 반발에 부닥쳤다. 개편이 유야무야되면 교수의 기득권이야 지켜지겠지만 학생은 '인구론'의 직격탄을 맞게 된다. 대학의 인문학 위기와는 달리 지난 몇 년간 중장년층을 중심으로 인문학 열풍이 불고 있다. 그 이유는 인문학이 '사치재(luxuries)'이기 때문이다. 사치재란 소득 수준이 높아지면 수요가 급증하는 재화를 일컫는 경제학 용어다. 어느 개인의 평생 소득의 변화를 보면 중장년 무렵에 최고조에 달하는데 그때 인문학 수요가 급증한다.

인문학이 사치재란 걸 받아들이면 학제 개편의 방향은 명확해진다. 먼저, 인문계 정원을 필요 최소한으로 축소할 필요가 있다. 그 대신 이공계 학생을 포함한 전교생의 인문학 교양 교육을 강화하라. 그래서 학생들이 중장년층이 됐을 때 인문학을 다시 찾도록 만들어라. 그리고 현재 중장년층의 인문학 수요에 부응해 새로운 프로그램을 적극적으로 개발하라.

인문학 힐링 전도사들 역시 '인구론'에 일조한다. 작가인 남정욱 숭실대 교수는 『차라리 죽지 그래』라는 저서에서 강

신주 박사나 김난도 교수가 그런 힐링 전도사라고 주장한다. "일하는 것은 노예가 되는 것"이라는 등 인문학을 빙자한 반(反)자본주의 논리로 청춘을 오도하는 강 박사가 정작 자신은 일의 노예가 돼 자본주의적 돈벌이에 몰두한다고 남 교수는 개탄한다. 남 교수는 김난도 교수의 『아프니까 청춘이다』가 선한 의도에도 불구하고 서울대생처럼 선택받은 소수가 아닌 대다수 청춘에게는 독이 될 수 있다고 경고한다. 김 교수가 설파하는 '인문학적 방황'을 믿고 따르다간 낭패 보기 십상인 게 '인구론'의 현실이기 때문이다.

인문학 전도사에게 속아서가 아니라 자발적으로 인문학을 선택해 열정적으로 공부할 수 있다면 그것은 축복이다. 하지만 그 선택이 초래할 결과가 어떨지는 미리 헤아려라. 그래야 '용잡이 학원'이나 '인구론'에서 벗어날 수 있다.

청년 일자리와 고용문제는 세계적인 관심 대상이다. 특히 제4차 산업혁명의 여파가 세계를 위협하기 시작했다. 단순 근로자들과 중간 관리직 종사자들은 인터넷이나 SNS로 연결되어 있는 관계로 일자리를 쉽게 뺏길 수 있다. 미국에서는 ‘아마존 고(Amazon Go)’라는 무인 대형마트가 문을 열어 수년 내로 일자리 350만 개가 없어질 것이고, 세계경제포럼 보고서는 2020년경에는 15개 선진국에서 500만 개의 일자리가 사라질 것이라고 한다. 이러한 속도를 감안하면 우리나라도 더 늦기 전에 기계와의 경쟁에서 살아남는 지혜와 대책을 준비해야 한다.

젊은 청년들과 대학생들이 지금처럼 정답을 찾는 연습과 학습에만 몰두하고 창의력을 키우는데 소홀히 하면 경쟁력 없는 낙오자로 전락할 수밖에 없게 된다. 세계는 급변하고 있는데 우리 젊은이들이 ‘헬조선’, ‘흙수저’ 타령만 읊조린다면 미래는 참담해질 것이다.

9장

안보와 국가 안위

나라는 내부에서 스스로 기운 뒤에 외적이 와서 무너뜨린다. 그래서 예부터 '안보는 최상위의 법'이라고 했다.

남북 대결은 여전하다. 동원체제 북한을 이길 수 있는 정책과 전략 개발에 일가견이 필요하고, 기존의 남북한 통일 정책을 비교 연구하는 작업도 요구되고 있다. 자유민주주의와 북한 사회주의체제와의 악수는 결코 성사될 수 없는 허상이자 불가능한 바벨탑을 쌓겠다는 허구이다. 적어도 현 단계에서는 그렇다.

안보의 중요성

독일의 파시즘은 점차 정체를 드러내고 있었지만 순진한 체임벌린은 여전히 히틀러에 대한 미련을 버리지 못했다. 그는 심지어 하원에서 다음과 같이 연설했다. "저는 하원의원 여러분이 히틀러가 고의로 저를 속이고 있다고 생각하지 않길 바랍니다. 여러분이 우려하는 일은 절대로 일어나지 않을 것입니다."

그러나 역사를 보면 체임벌린의 모든 노력에도 불구하고, 결국 영국은 전쟁의 소용돌이에 휩싸이고 말았다. 독일과 '뮌헨 조약'을 체결했지만, 영국에는 아무런 이득이 되지 않았으며 파시즘의 침략을 조장했을 뿐이었다. 독일의 군대는 무서운 기세로 쳐들어왔다. 침략에 대한 독일의 야심은 평화에 대한 체임벌린의 바람을 산산이 박살내버렸다.

우리나라는 가난과 국난으로 점철된 슬픈 역사를 안고 5천 년 역사를 이어왔다. 결국 미·중·일·러 등 4강을 비롯해 세계의 모든 국가로부터 한국의 주권을 존중받으려면 모든 국민이 호국(護國) 리더십을 발휘하여 부국강병의 나라를 만들어야 한다는 교훈을 얻었다.

을사늑약(乙巳勒約)으로 나라가 일본으로 넘어가기 직전인 1905년 12월 28일 신채호(申采浩) 선생은《대한매일신보》에 쓴 논설「시일야우방성대곡(侍日也又放聲大哭)」에서 "앞으로 하와이의 이민과 같이 미국 영토에 붙어살까? 브라디보스토크의 유민 같이 러시아 땅에 예속되어 살까? (……) 심성을 이야기하고 이기(理氣)를 논하는 것이 소용없소. 농, 공, 상이 급한 것이오."라고 말했다.

이 말은 100여 년이 지난 지금도 큰 의미로 다가온다. 최근까지 동아시아에서는 세계열강의 세력 다툼이 치열하게 벌어지고 있다. 이 싸움에서 살아남으려면 부국강병의 나라를 만드는 것 외에 다른 길은 없다. 신채호 선생의 언급은 당장 국가가 경제 위기에 빠져 있는데도 경제를 살릴 생각은 하지 않고 좌우 이념 논쟁과 사사건건 다툼만 일삼는 정치인들과 엘리트들에게 경종을 울리는 소리가 되어야 할 것이다.

애국심 살펴봐야 할 때

우리는 공동체 안전보장 의식을 망각하고 있지 않나 싶다. 그리고 자력 국방·안보는 본인과 무관한 일인 양 국방 불감증이 지나치게 퍼져 있는 현실을 우려하고 싶다.

공동체 구성원들이 애국심에 바탕을 둔 '덕'을 갖추게 하면 조국을 사랑하게 만들 수 있다. 그러나 그 '덕'이 내국인이나 외국인에게도 그저 그런 것이라면 특별나게 개인이 애국심을 가질 수 있을까? 곧 애국적 '덕'은 대한민국 정체성의 특화이다. 나에게 시민으로서, 국민으로서 특별한 의무가 있다는 책임의식 각성이 어느 때보다 필요하다.[5]

소속감에는 책임감도 따라온다. 내 나라의 과거를 현재

5 케네디(J. F. Kennedy) 대통령은 "친애하는 국민 여러분. 국가가 당신을 위해 무얼 할 수 있는지 묻지 말고, 당신이 국가를 위해 무얼 할 수 있는지 생각하세요."라고 연설했다. 오바마(B. H. Obama) 대통령은 젊은이들에게, "당신은 미국에게 투자하고, 미국은 당신에게 투자한다."고 했다.

로 끄집어내어 도덕적 부채를 해결할 책임을 인정치 않는다면, 내 나라와 역사에 진정한 자부심을 느낄 수 없게 된다.

사드(THAAD: 고고도미사일방어체계) 논란 유감

사드는 공동체를 위협하는 테러리스트에게 가하는 고문이 아니다. 테러로부터 선제적으로 공동체를 보호하기 위한 조치이다. 사드 배치를 놓고 한국 내에서 벌어지고 있는 사태를 보면서 우리는 이대로는 전쟁을 할 수 있는 나라가 아니라는 생각이 들기도 한다. 우리의 생명과 재산과 나라를 지켜줄 방어적 무기(그것도 우리 것이 아닌)를 놓고 극단적 반대를 벌이는 님비적 사고 범람, 반(反) 대한민국적 이질 세력의 준동, 이것 하나 처리 못 해 우왕좌왕하는 정부의 지리멸렬 모습 등은 지금 전쟁이 일어나면 우리는 속절없이 무너져버릴 것이라는 두려움을 갖게 한다. 비단 이번 사드 배치 문제만이 아니다.

우리의 갈등 구조가 더욱 심화되고 국력 낭비가 고착화되고 있는 실정을 알 필요가 있다. 지난 20여년에 걸친 각종 국방 관련 반대 및 시비는 우리가 과연 핵무기를 보유한 북한과 아직도 휴전 상태에 있는 나라가 맞는지, 우리가 중국과 일본의 사이에 낀 '먹잇감'의 신세일 수도 있다는 지정학적 불리(不利)를 제대로 인식하고 있는 것인지를 의심케 했다. 그런 군사적 관점에서뿐 아니라 한 나라로서, 한 국민으로서 국가적 중대사에 깊은 관심을 갖고 애국과 자존의 정신으로 살아오고 있는지를 자문케 한다. 우리는 중국 무서워 못하고, 일본 두려워 못하고, 북한 무서워 못하는 안보무서움증에 시달리다가 이제는 국민 무서워 아무것도 못하는 단계까지 온 것 같다.

조금 잘 살게 되면서 생긴 병(病)이지만 우리는 공공의 개념, 공익의 정신, 공동체 의식을 점차 망각하고 있는 것 같다. 나라건 사회건 조직 내에서 내게 불리한 것은 조금도 못 참는다. 내 가족, 내 집, 내 자식, 내 이익에 어긋나면 모두가 내 관심 밖이다. 여기에 그것을 부추기는 이질적 세력들이 편승한다. 그들은 그것을 정부의 잘못, 기업의 이기주의, 가진 자들의 횡포로 확대 포장한다.

우파 진영에서는 '미국이 지켜주겠지', 진보 측은 '중국이 우리를 보호해 주겠지', 종북좌파들은 '북한이 더 좋은 세상'이라며 자력 국방이나 안보는 우리 국익과 무관한 일인 양 생각하는 안보 무신경이나 국방 불감증이 너무 널리 퍼져 있다. 정부의 관리 능력도 엉망이다. 사드 문제만 해도 발표 전에 야당에 알려주고 협조를 구하는 배려, 대통령이 직접 배치 지역에 내려가 주민들을 안심시키는 대면(對面) 소통, 중국과도 외교교섭력 시험 등이 선행됐다면 사태가 여기까지 오지는 않았을 것이다.

스스로 나라를 지키는 과업으로서의 전쟁할 결의도 없고, 주변 국가들은 우리를 두려워하기는커녕 얕보게끔 된 상황에서는 우리는 어떤 전쟁에서도 이길 수 없다. 그렇다면 무엇 때문에 그 많은 돈과 인력을 투입하면서 국방을 하고 안보를 외치는지 알 수 없는 일이다. 차라리 유리한 쪽에 확실히 서서 수동적·종속적으로 살아가며 연명이라도 하는 것이 차선이 아닐까. 아니면 '중립'을 선언하든지 해서 최소한의 안전을 도모하는 것도 한 방법일 수 있다.

푸틴과 트럼프 두 사람의 브로맨스(남자 간의 친밀한 관계)는 유명하다. 그동안 러시아 견제에 공들여 온 미국이 러시아와 손잡는다면 한반도 주변엔 어떤 변화가 일어날까. 미국이 러시아와 함께 중국을 견제하는 '연아제화(聯俄制華)'가 현실화된다면, 그리고 대선 공약대로 본격적인 중국 압박에 나선다면 한국은 어떤 상황에 놓이게 될까. 사드 한반도 배치 결정을 놓고 그동안 특히 중국으로부터 유무형의 압력을 받아왔다. 앞으로 닥칠 압박은 이보다 훨씬 더할 수도 있다.

일본은 발 빠르게 움직이고 있다. 아베 총리는 이미 뉴욕에서 외국 정상으로는 처음으로 트럼프와 회담을 가졌다. 하지만 한국은 쓰나미처럼 닥쳐올 위기에 둔감한 듯하다.

한국 안보와 탈레랑 외교

나폴레옹 전쟁 이후 외교관 탈레랑(Talleyrand)은 전후 조국 프랑스가 승전국들의 전리품으로 전락되는 것을 막기 위해 동분서주했다. 탈레랑은 패전국 프랑스가 국력을 회복하고 혁명 이전의 국토를 되찾으며, 유럽에서 전통 강대국으로서의 위상을 찾는데 혼신의 노력을 기울였다. 그 결과 프랑스는 유럽의 기존 열강 대열에 합류할 수 있었다.

원하는 때 원하는 곳을 선택하기 힘든 게 군사 대결이

다. 그렇다 해도 산송장이나 다름없는 북한에 이렇게 맞고 뚫리고 끌려다니는 근본 원인을 더 이상 방치해선 안 된다. 1938년 파리 주재 영국 대사는 "프랑스는 어떤 대가를 치르더라도 전쟁만은 회피하겠다는 의도가 적에게 들여다보였기에 농락당하며 전쟁에 휘말려들 것"이라고 본국에 보고했다. 역사는 그대로 흘러갔다.

"강대국의 힘은 그 이상(理想)을 추구하는 노력을 멈출 때 쇠퇴한다."고 했다. 브레진스키(Z. Brzezinski)의 미국을 향한 경고다. 대한민국이 부국(富國)과 민주(民主)를 너머 새로운 국가 목표를 찾아내지 못할 때 부패와 분열의 내리막길로 굴러갈 것이다. 목소리로 외치는 통일이 아니라 실천 방안으로서 통일을 국가 목표의 중심에 세워야 한다. 통일의 관점에 서야만 부패와 분열이란 나라의 녹을 벗겨낼 수 있다. 그래야 수십 년 연전연패(連戰連敗)에 가까운 대결에서 승산이 있다. 오래 견디며 멀리 내다보는 외교도 그때 바로 선다.

대권 주자와 글로벌 전략 부재

한국은 어디에 있는가? 부산 소녀상에 반발해 주한 대사·총영사를 소환한 일본은 한·일 통화스와프 협상을 중단하고, 한국인을 모욕하는 발언을 했다. 그런데 한국 정부는 '매우 유감' 한 마디뿐이었다. 한국 정부의 절제는 사실이다. 중국 군용기의 한국 방공식별구역 침범에 항의를 못한 채 '의도를 분석 중'이라고 했다. 중국의 한한령(限韓令)을 제대로 따지지도 못했다.

불가역적인 위안부 문제 합의는 한국이 일본의 과거사 행태를 감시하는 게 아니라 일본이 한국의 과거사 합의를 감시하게 했다. 이렇게 전도된 상황에서 한국은 소녀상 추가 설치의 죄를 지었다. 한국은 중국과의 협력 강화를 철석같이 약속하고도 사드 배치 결정으로 중국의 허를 찔렀다. 중국에게 안보 위협을 가한 때문인지 중국의 경제적, 군사적 압박에 침묵 중이다. 미국에는 잠시나마 중국에 한눈 판 약점을 보여주었다. 주눅 든 채 주변국에 휘둘리는 요즘 한국의 처지는 주변 열강에 찢기던 100여 년 전의 조선을 떠올리게 한다.

한·미동맹을 미·일동맹의 하위 파트너로 편입, 대중 견제 도구로 활용하려는 미국의 구상은 한국의 이익과 딱 맞아 떨어지지 않는다. 중국은 미국의 전략적 경쟁자이지만 한국에는 아니다. 그래서 한·미 간 대북, 대중, 대일 정책이 항상 같을 수 없는 것이다. 그런데 이런 냉정한 현실은 미국이 한국의 귀에 입김을 불어넣는 순간 사라진다. 사드, 위안부 합의, 한·일 정보보호협정은 모두 미국의 아시아 정책에서 파생된 것들로 봐야 한다. 여야 모두 위안부 합의와 달리 사드를 수용하는 쪽으로 기우는 이유의 하나도 공미(恐美) 의식 때문일 것이다.

이렇게 원칙 없이 미국의 이익에 종속된다면 상호 적대라는 악순환을 벗어나기 어렵다. 정책 실패로 갈등이 발생해도 일단 상호 적대감이 형성되면 그 책임을 상대에게 전가함으로써 실패를 정당화하는, 아주 나쁜 상황을 조성하는 것이 바로 적대다. 무엇보다 잘못 엉킨 외교적 현안 하나하나에 매달리지 않는 게 중요하다. 자칫 미로를 헤매는 결과가 될 수 있다. 그러자면 일관된 원칙, 흔들리지 않는 정책을 분명히 제시해야 한다. 그게 없으면 주변국이 존중하고 싶어도 할 수가 없다. 노를 예스로 쉽게 바꾸고, 천년이 흘러도 변하지 않는다는 선언을 하루아침에 포기한다면 어떤 주변국도 한국을 진지하게 대하지 않을 것이다.

평화는 북핵 개발을 억제하고 북한 체제 변화를 촉진한다. 동맹 의존증을 치유하고, 북한 주적론을 기반으로 한 한국의 낡은 정치 사회 구조를 무너뜨린다. 중·일에 당당히 목소리를 내고 남북관계 개선, 한·미관계 균형도 가능하다. 그러자면 트럼프의 '힘을 통한 평화'가 아니라 평화의 힘을 믿고 한반도 평화 구상을 내놓아야 한다. 핵은 반통일적이다. 그래서 더욱 핵 대책이 국민적 공감대를 거쳐 세워져야 한다.

그런데 이미 저질러진 실수를 수습하는 방법을 둘러싼 갑론을박이 한국 정치를 지배하고 있다. 나쁜 현실을 개선하기 위해서가 아니라, 더 나빠지지 않기 위해 나쁜 현실을 받아들이는 문제가 한국 외교의 최대 현안이 된 것이다. 한국은 지금 잘 익은 고구마 신세다. 찌르는 대로 쑥쑥 들어간다. 적폐를 청산한다는 정치지도자들에게 안보라는 중차대한 한반도 평화 구상은 들어볼 기회가 없었던 것 같다.

이제 우리 스스로가 국력 부양을 준비해야 할 것이다. 그러기 위해서는 류성룡(柳成龍)의 『징비록(懲毖錄)』의 현재적 의미를 되씹어보고, 황준헌(黃遵憲)의 『조선책략(朝鮮策略)』을 다시 읽어봐야 한다. 또한 이율곡의 『경장론(更張論)』도 필독해야 할 것이다. 왜냐하면 '나라의 운명은 필부(匹夫)에게도 책임'이 있기 때문이다.

10장

노블레스 오블리주

나약하고, 배경 없고, 돈 없는 사람들은 항상 희생양이나 제물의 대상으로 삼아져야 하는가? 그렇다면 인간사회에서 도덕이나 윤리는 불필요하게 될 것이다. 이런 세상을 원하는 자는 없을 것이다.

『논어』에 "가난한 사람이 원한을 품지 않는 것보다는 부자가 겸손해지기가 더 쉽다."는 말이 실려 있다. 가난한 사람들의 무례와 떼쓰기를 욕하기 전에 기업인들과 부자들과 권력자들은 자신이 충분하게 겸손한가를 되돌아보아야 한다는 말이다. 부자는 베풀어야 하고 권력자는 청빈해야 한다. 이것이 공동체를 유지하는 비결이고, 법치를 세울 수 있는 유일한 방도이다.

노블레스 오블리주는 지도하는 만큼의 의무, 혜택 받은 자들의 책임, 로마 천년의 저력 등으로 해석되기도 한다. 그러나 우리나라의 경우, 산업화와 민주화의 성취에도 불구하고 지도급 인사들, 엘리트들 사이에 이러한 사회적 책무를 다하는 분야에서는 공백이 엄존한다. 그것은 한국인의 삶에서 공공선(公共善)과 공공 의식이 취약하다는 점이다. 공동체의 이념과 실천이 우리의 일상에서 겉돌고 있는 것이다. 특히 사회 지도층의 공공 의식 부재는 '선공후사(先公後私)'는 커녕 '선사후공(先私後公)'의 타락상을 낳을 정도로 심각하다. 국회 인사청문회 현장에서 우리가 보는 그대로다.

지도층의 의무 면제 사례가 많은 점은 많은 것을 시사해 준다. 국가 엘리트층의 병역 면제 비율이 서민층에 비해 훨씬 높은 것이 단적인 사례다. '관피아' 현상과 전관예우는 공공재(公共財)인 공적 명분을 사적 이익을 위해 쓰는 행위다. 최근 대한민국은 노블레스 오블리주의 실종으로 국가·

사회적으로 큰 어려움을 겪고 있다. 따지고 보면 노블레스 오블리주의 실종이 쌓이고 쌓여 와우아파트 붕괴, 삼풍백화점 붕괴, 성수대교 붕괴, 서해페리호 침몰, 대구지하철 참사, 저축은행 비리, 세월호 참사로 이어져 국민들에게 충격을 준 것이다. 탐욕에 물들어가는 엘리트 집단을 바라보는 국민들의 시선은 갈수록 따가워지고 있다.

엘리트 계층이 이렇게 공공선을 무시한 채 '그들만의 리그'에서 특권을 굳힐 때 공화정의 핵심인 법치주의와 애국심이 파괴된다. 강자의 횡포가 법과 관행의 이름을 빌려 계속되면 '르상티망'(패자의 원망과 약자의 질투)이 만연한다. 그 결과 각자도생(各自圖生)과 각개 약진이 삶의 문법이 되고, '모두가 모두에게 늑대가 되는' 것은 시간문제다. 세계 10대 경제 선진국에다 모범적 민주국가임에도 우리네 삶이 이렇게도 각박하고 불행한 것은 이 때문이다.

산업화와 민주화, 정보화를 반세기 만에 이루어낸 머리 좋고 근면 성실한 민족이 축구선수가 골대 문전에서 헛발질하듯 선진국 문턱에서 사회 지도층의 비리와 부정부패, 그로 인한 사회적 갈등과 분열 때문에 헛발질하고 있는 형국이다. 우리 사회가 이처럼 내홍을 겪고 있는 근본적인 이유는 국가를 책임지고 이끌어 나가야 할 리더 집단의 노블레스 오블리주의 실종과 도덕적 해이(解弛) 때문이다.

공자는 『논어』 「태백(泰伯)」편에서 "나라에 도가 있을 때는 가난하고 천한 것이 수치요, 나라에 도가 없을 때는 부유하고 귀한 것이 수치다(邦有道 貧且賤焉恥也 邦無道 富且貴焉恥也)."라고 말했다. 나라에 도가 행해지지 않아 제대로 된 정치가 이루어지지 못하고 권력을 남용한 자들의 비리가 횡행하는데도 그것을 바로잡으려 하지 않고 자신의 안위만 생각하는 것은 지도자가 가져야 할 도리가 아니라는 것이다. 공자의 말은 오늘날의 대한민국 리더들에게 엄중하게 묻고, 또 경고하는 듯하다. 공직자들은 스스로 청렴성을 상실한 현재의 풍토를 정화하고 정신과 물질이 조화를 이루는 가치관을 정립하는 데 앞장서야 한다.

서양 선진국에서는 인테그리티(integrity)라는 단어를 매우 강조한다. 주로 '청렴성'으로 번역되지만 '고결성'이 더 적합할 것 같다. "고결성만큼 신성한 것은 없다.", "고결성은 말에서 나오는 게 아니라 행동에서 나온다." 등 고결성을 강조하는 경구는 많다. 선진국에서는 학교와 기업, 공직사회, 전문직과 리더십 교육 과정 등에서 이 고결성 덕목을 반복해서 교육하고 강조한다. 국제 거래와 기업에서도 법규와 윤리규정 준수를 의미하는 '컴플라이언스 의무'가 강조된다. 고결성을 손상시키는 행위는 중대 사안으로 다룬다. 부패방지를 위한 국제규범에서도 고결성은 핵심 가치로 등장한다. 국제투명성기구는 부패 방지를 위해 노력한 사람에게 '인테그리티상'을 준다. 유엔 반부패협약에서도, "부패와 싸우기 위해, 각국은 공직자들에게 고결성, 정직성을 장려해야 한다."고 규정한다.

동양에서도 군자는 혼자 있을 때 더욱 삼가고 경계해야 한다는 신독(愼獨)을 강조해 왔다. 우리나라에서는 퇴계(退溪) 이황(李滉)과 율곡(栗谷) 이이(李珥)도 신독을 강조했다. 이순신 장군은 신독 정신의 화신(化身)이라 할 수 있는 공직자였다. 우리도 선비정신과 같은 고결한 인격수양의 전통이 있음에도 오늘날에는 고결함의 전통과 가치가 크게 퇴색되어 가고 있다.

고위공직자의 탐욕과 부패, 부정직함이 지나쳐서 하위 공직자들의 일탈 행위는 말할 것도 못 된다. 헌법재판소장, 대법원장, 대법관 등 가장 고결해야 할 지위에 있었던 사람들조차 '황제 전관예우'를 활용하여 과도한 사익을 추구하는 경우도 있다. 축첩행위와 혼외자식을 은폐하기 위해 국민에게 거짓말 행진을 펼친 전 검찰총장, 3억 원대 금품과 2000만 원대 시계를 받고도 이것을 취임 축하선물이라고 강변하는 전 국세청장도 우리 사회의 고결성을 무참히 짓밟은 사람이다.

건설업자로부터 현금 100만 원과 140만 원대의 향응을 받은 이른바 '스폰서 검사 사건'에서도 향응수수는 인정되나 직무 관련성과 대가성이 없다는 이유로 무죄 판결이 났다. 내연 관계의 변호사로부터 500만 원대의 샤넬 가방과 신용카드 및 벤츠 승용차를 제공받은 이른바 '벤츠 여검사 사건'에서도 청탁 관련이 아니라 '사랑의 징표'로 받은 것이라는 해괴한 이유로 무죄 판결이 났다.

서양 선진국들에서는 이런 일이 가능하지 않다. 미국, 영국, 독일에서는 공직자가 정부 급여 이외의 금품을 받으면 직무 관련성이 없더라도, 대가성을 불문하고 뇌물죄로

형사처벌 한다. 미국과 영국에서는 외국 공무원에 대한 뇌물 제공까지 형사처벌 한다. 캐나다와 프랑스 등 경제협력개발기구(OECD) 선진국들은 대부분 이와 비슷한 법규를 마련하고 있다.

우리의 선조들은 청렴과 검소를 몸소 실천해 사리사욕을 멀리했던 공직자를 청백리(淸白吏)라 부르며 존경과 칭송을 보냈다. 정약용 선생은 『목민심서』에서 수령의 자세에 대해 "청렴은 수령의 본(本)이요, 모든 선(善)의 근원이요, 덕(德)의 바탕이니, 청렴하지 않고서는 수령이 될 수 없다."라고 했다. 청렴을 특히 강조한 다산의 이 말에는 탐관오리의 패정(悖政)에 시달리는 백성들에 대한 연민과 관리의 도가 허물어지고 공직사회에 부정과 부패가 극심했던 당시의 사회상에 대한 경종이 담겨있다.

단기필마(單己匹馬)로 적진으로 뛰어들어 자신의 목숨을 버리고 신라의 승리를 이끌어낸 화랑 관창(官倉)의 일화는 노블레스 오블리주가 무엇인지 분명하게 보여준다. 또 고려의 최영(崔瑩) 장군은 국왕 바로 다음의 권력을 가졌지만, 청렴결백했다. 집은 기어서 들어가고 나와야 할 정도로 초라

했다. 방 안은 흙벽 그대로였고, 바닥엔 멍석을 깔았는데, 벼룩이 이리 뛰고 저리 뛰었다. 늘 낡은 옷을 입었고, 집의 쌀독이 빌 때도 있었다.

조선 중기, 자신과 가족의 목숨을 초개와 같이 바친 고경명(高敬命) 장군도 노블레스 오블리주를 실천한 모범적인 사례이다. 임진왜란 위기를 맞아 고경명을 비롯한 3부자가 나라를 위해 목숨을 바쳤다. 오늘날 그들은 모두 국가로부터 불천위(不遷位)를 받아 그 이름과 업적을 남기고 있다.

임진왜란 때 의병을 일으킨 홍의장군 곽재우(郭再祐) 역시 노블레스 오블리주의 전형을 보여준다. 곽재우는 의령에서 은거하던 중 임진왜란이 일어나자 수십 명의 사람들을 모아 의병을 일으켰으며, 이후 의병의 숫자는 2천 명에 이르렀다. 그의 의병 봉기는 자발적인 의병활동의 시발점이 되었으며, 위기에 빠진 국가를 살리기 위해 목숨을 아끼지 않고 적진에 뛰어든 그의 헌신과 기발한 전략 덕분에 조선은 왜군의 전라도 침공을 막아낼 수 있었다.

'고결성'을 중시하는 국가 사회를 만들지 않고는 부패를 척결하기 어렵다. 존중받는 국가는 더욱 요원하다. "죽는 날까지 하늘을 우러러 한 점 부끄럼이 없기를, 잎새에 이는 바람에도 나는 괴로워했다…"고 읊은 해맑은 시인 윤동주(尹東柱)의 고결성이 더욱 그립다.

국운과 지도자

독일은 1807년 나폴레옹 군대에 패했다. 국민들은 절망 속에서 날로 타락해 갔고, 사회에는 이기심이 충만했다. 도덕과 정의가 실종된 사회가 바로 당시의 독일 사회였다. 이때 한 사람의 지식인이 나타나 『독일국민에 고함』이라는 제목으로 피를 토하는 설교를 했다. 철학자 피히테(Johann Fichte)였다. 그는 "독일이 왜 패하였는가? 군대가 약해서가 아니다. 패한 것은 독일인 모두가 도덕적으로 타락하고 이기심으로 가득 차 있었기 때문이다. 교육을 통해 국가 혼을 길러야 한다. 내일로 미루지 말고 지금 당장 실천하자."고 호소하였다. 그 후 1871년, 독일국민은 프랑스를 점령하고 돌아오는 영웅 몰트케(Moltke) 원수를 열렬히 환영했다. 이때 몰트케는 이렇게 말했다. "독일의 승리는 나와 군인들의 공이 아니다. 초등학교 선생님들의 공이다. 이 모든 영광을 그들에게 돌린다."

무임승차를 가장 부끄럽게 여기는 선진국 지도자들의 사례는 풍부하다. 미국의 케네디 대통령은 해군에 들어가 남태평양 전투에서 큰 부상을 입었고, 그로부터 얻은 통증으로 인해 평생 동안 진통제와 각성제로 살았다 한다. 케네디는 척추부터 창자까지 성한 데가 없었지만 육군 장교 후보생 시험, 해군 장교 후보생 시험에 줄기차게 도전했다. 그리고 퇴짜를 맞았다. 결국 억만장자 아버지에게 애절한 편지를 썼고, 아버지는 인맥을 움직여 아들을 해군에 입대시켰다. 모두가 제2차 세계대전에 참전하는데 참전 대열에 끼지 못한 무임승차자의 자격을 가지고는 지도자는커녕 어떤 공직에도 갈수 없었던 것이 당시 미국 사회의 도덕률이었다.

트루먼 대통령은 안경이 없으면 장님이었다고 한다. 그런데 그는 신체검사에 합격하기 위해 시력검사표를 달달 외워서 군에 입대했고, 제1차 세계대전에 포병 대위로 프랑스에서 싸웠다.

6·25전쟁 초기에 참전한 24사단장 딘(W. Dean) 소장은 물을 찾는 부하에게 물을 떠다주기 위해 밤중에 벼랑으로 내려가다가 심한 부상을 당해 결국 포로가 됐다.

밴프리트(Van Fleet) 장군은 6·25전쟁에 아들을 참전시켰다가 그 아들을 잃었다. 아이젠하워(D. Eisenhower) 대통령과 클라크(M. Clark) 장군도 한국전에 아들을 보냈다. 워커(W. Walker) 장군은 아들과 함께 한국전에 참전했고, 스스로는 목숨을 잃었다.

영국이 전쟁을 치르면 전선에서 가장 앞장서는 사람들이 귀족들과 옥스퍼드, 케임브리지 대학출신들이라 한다. 가장 무거운 군장을 짊어지고 적의 기관총을 향해 가장 앞서 달려가는 사람들이 바로 이들이었다. 1950년대에 차례로 영국 총리를 지낸 애트리(C. Atlee), 이든(R. Eden), 맥밀런(H. MacMillan)이 바로 이들이었다. 이들 학우들의 3분의 1이 전사했고, 영국 귀족의 20%가 전사했다 한다. 귀족과 명문대학 출신의 전사자 비율은 노동자, 농민보다 몇 배씩이나 높았다 한다. 이것이 바로 노블레스 오블리제다. 영국이 꽃을 피운 자유민주주의는 누가 만들어서 준 것이 아니라 귀족들과 자본가들이 왕권과 싸워 쟁취한 것이다. 그들은 부에 따른 명예와 의무를 생활신조로 삼았다.

우리나라 지도부의 일부는 가장 부끄러운 무임승차자들

이다. 어떤 대통령은 병역기록이 없다. 노무현 전 대통령은 전역한 후 군을 썩으러 가는 곳이라고 폄훼하였으며, 국가 안보의 기둥인 미국을 비우호적으로 대하면서 한·미 연합 체제를 부정하려 했다. 또 어떤 전 대통령은 이해되지 않는 병명들로 무임승차를 했고, 전 한나라당 대표였던 어떤 의원은 11년간 도피한 끝에 무임승차를 했으며, 강원지사를 지냈던 자는 무임승차하기 위해 멀쩡한 손가락에 상해를 입혔다고 한다.

천안함 사건이 터진 직후 청와대에 모인 자들 가운데 안보 무임 승차자들이 90%나 되었다고 알려졌다. 이런 대통령, 이런 장관, 이런 정치수뇌부, 이런 지방 도백들이 어떻게 나라를 제대로 통솔하고 지킬 수 있었는지 도무지 불가해한 일이다. 전방을 지키는 병사들이 진정한 애국자들이 아닌가 하는 생각을 지울 수 없다.

독일인의 스승 피히테의 표현에 의하면, 이들은 이기주의자들이요, 정의감이 없는 자들이요, 애국심 즉 '국가혼'이 없는 자들이다.

애국의 혼이 없는 자, 비겁한 자, 부도덕한 자, 이기주의

자들이 지도자 자리들을 차지하고 있는 대한민국이 북한과의 경쟁에서 계속 밀리고 밀려왔던 것은 어쩌면 당연한 결과였다고 여겨진다. 적과 싸울 수 있는 준비되지 않은 국가로 계속 남아 있어야 하는 것인가?

북한은 전쟁영웅, 대남공작 영웅들에게 '공화국영웅' 칭호를 내리고, 그들의 가족들에게도 최상의 특별대우를 해주기 때문에 누구든 영웅이 되고 싶어 충성을 다한다. 반면 우리는 이 나라를 북한으로부터 지켜내기 위해 용맹스럽게 싸워 최고의 훈장인 태극무공훈장을 받은 명예 용사가 월 37만 원으로 힘들게 살고 있는 것을 방조(幇助)하고 있다. 6·25 참전 용사에겐 월 9만 원만 주면서, 일본에서 살고 있는 골수거물 간첩인 곽동의(郭東儀)에게는 월 100만 원씩 제공한다고 하니 차제에 반드시 중단조치가 내려져야 한다.

북한의 사단장은 매월 2회씩 최전방 GP에 가서 병사들과 밤을 새우며 경계근무를 서고 있다 한다. 그런데 우리 사단장들은 그렇지 않아 보인다. 천안함 폭침에 분노하기는커녕 비상근무 중인데도 퇴근 후 곧장 술집으로 달려가는 초급간부들, 어머니에게 전화를 걸어 "전쟁이 날지 모른다."며

울먹였다는 병사들, 이런 장병들이 국방을 지키는 나라가 대한민국이다!

나가는 말

'과거는 오늘을 읽는 창'이라고 한다. 역사 기억하기는 현재를 넘어서는데 불가피하게 거쳐야 할 관성이다. 한때 넘어졌어도 그곳에 머물러서는 안 된다는 교훈을 주는 것이 역사다. 그리고 넘어진 곳에서 다시 일어나야 미래를 밝힐 수 있다.

역사를 배우고 기억해야 한다. 과거 없는 현재는 없고, 현재 없는 미래는 없다. 420년 전 정유재란(1597년) 때 수십만 우리 민초, 선조들이 일본으로 끌려가 노예시장에서 팔려나갔던 역사를 기억해야 한다. 380년 전 병자호란(1636년) 당시 수십만 우리 백성들이 청국으로 끌려가 노예시장에서 매매되었던 역사도 잊어서는 안 된다. 나라의 독립과 주권 회복을 위해 만주의 황무지와 시베리아 벌판을 헤매고, 해외에서 '풍찬노숙(風餐露宿)'하면서 일본 제국주의와 싸우면서 산화한 선조들의 구국일념과 부유한 국가를 건설하기 위해 가족과 생이별하는 가운데 열사(熱沙)의 땅에서 땀 흘려 온 분들의 노고와 뼈저린 고통을 얼마나 이해하려 했으며, 얼마나 알고 있는가에 대한 냉정한 반성도 빼놓아서는 안 될 일이다.

대한민국 역사의 상징인 태극기는 형언할 수 없는 고난 속에서 우리를 지켜왔다. 그런데도 나라를 다스리겠다고 덤벼든 일부가 대한민국의 상징 중의 상징인 태극기를 짓밟는 거리낌 없는 작태를 보여주었다. 더 이상의 국민 모독이 허용되어서는 안 될 일이다. 태극기가 짓밟히는 것을 방관하는 대한민국 국민이 되어서는 안 된다. 대한민국을 잃으면 태극기를 더 이상 휘날릴 수 없게 된다. 태극기를 뺏기면 적기(赤旗) 세상이 올 것이 명약관화하다. 때문에 대한민국 정체성을 보존하기 위해서는 태극기를 모욕하고 짓밟는 자들에게 항거하지 않으면 안 될 정당성이 우리에게 주어지는 것이다.

태극기와 촛불은 양립하면서 등가성을 공유해야 한다. 일각에서는 한국의 '허약한 법치'가 무너질까 하는 걱정에서 태극기를, 다른 한편으로는 실정에 따른 '엄중한 책임'을 묻고자 그리고 상처받은 국격의 회복을 위해 촛불을 들었다. 태극기도 촛불도 물리적 충돌 없이 비교적 원만한 의사 표출로 진행되었다. 여기서 눈여겨 볼 것은 시위 참가자들 대부분은 대한민국 민주주의를 희원하는 일심과 충절심에서 참여했던 것이다. 특정의 이데올로기를 표방하거나 특정의 정치적 구호를 내세운 집단은 그야말로 좌파적 종북론자들이었다. 따라서 촛불이나 태극기 집회 참가자 규모로 이후 우리나라의 정치적 미래를 '아전인수(我田引水)'격으로 재단(裁斷)하는 우를 범해서는 안 될 것이다. 민의는 그런 게 아니었다는 것이 향후 대선에서 어느 정도 반영될 것으로 사료된다.

대통령 탄핵이 기각(棄却)되면 촛불 군중이 일어나 '혁명'밖에 없을 것이라는 정치인들의 극단론과 탄핵 인용(認

容)하면 태극기 군중이 결코 참지 않을 것이며, '아스팔트 위의 피'를 보게 될 것이라는 지극히 비이성적인 주장들은 양대 세력의 공존이 불가하게 비쳐지는 듯했다. 이러한 위기를 자초한 초현실적인 대한민국 정치인들의 반성과 참회 없이는 태극기와 촛불의 양립 모색이 불투명해 진다. 그러나 이를 극복하는 과제도 우리의 몫이다. 국민의 선택과 결정이 민주주의 체제와 이념을 지키려는 의지로 표출되도록 해야 한다.

오늘의 우리는 과거의 선조들로부터 물려받은 것들을 향유하고 있다. 경제, 안보, 도덕, 윤리 등 모두가 어제의 유산으로부터 빌려 쓰는 것들이기에 내일의 후대에게 잘 전달해줄 의무가 있다. 어떤 일이 있더라도 대한민국 자유민주주의에 대한 신뢰의 동요나 믿음의 상실은 우리가 막아줘야 한다. 이것은 오늘날의 지상 명령이다.

태극기가 동방 대한민국에서 그 빛을 발하고 촛불이 구석구석 밝혀준다면 우리 사회는 로마인들의 인식을 지배해 왔던 '빛은 동방에서'가 현실화될 것이다. 부숴질듯 하면서도 강철같이 다듬어져 왔던 민주주의가 문화민족인 한민족의 앞날과 함께 할 것이다.

이제 차가운 머리와 따뜻한 가슴으로 대한민국의 미래를 준비해 나가야 한다. 태극기, 애국심, 민주주의가 '3위1체'를 이루는 대한민국이 되어야 한다.

대한민국 국민인 지금의 우리가 대결단을 내리는 그 주역이 되어야 한다.

대한민국 국민의 대결단
(大韓民國 國民 大決斷)

발행일 1쇄 2017년 5월 2일
지은이 소치형(蘇致馨)

펴낸이 여국동
펴낸곳 도서출판 인간사랑
출판등록 1983. 1. 26. 제일 - 3호
주소 경기도 고양시 일산동구 백석로 108번길 60 - 5 2층
물류센타 경기도 고양시 일산동구 문원길 13 - 34(문봉동)
전화 031)901 - 8144(대표) | 031)907 - 2003(영업부)
팩스 031)905 - 5815
전자우편 igsr@naver.com
페이스북 http://www.facebook.com/igsrpub
블로그 http://blog.naver.com/igsr
인쇄 인성인쇄 **출력** 현대미디어 **종이** 세원지업사

ISBN 978 - 89 - 7418 - 364 - 6 93300

* 책값은 뒤표지에 있습니다. * 잘못된 책은 바꿔드립니다.

이 도서의 국립중앙도서관 출판시도서목록(CIP)은 서지정보유통지원시스템 홈페이지(http://seoji.nl.go.kr)와 국가자료공동목록시스템(http://www.nl.go.kr/kolisnet)에서 이용하실 수 있습니다.(CIP제어번호: CIP2017009959)